Tendacayou

une table d'hôtes aux Antilles

Tendacayou

une table d'hôtes aux Antilles

Recettes de Sylvie Clément

Photographies de Jérôme Bilic

Réalisation et textes de Sandrine Giacobetti

filipacchi

Avant-propos

On vient souvent en Guadeloupe pour y satisfaire un appétit un peu compassé de grèves ultramarines. Comment en effet ne pas succomber aux mirages des cocotiers bruissant sous l'alizé et au ressac tranquille de l'onde turquoise que d'élégantes campagnes publicitaires déclinent effrontément dans l'austérité métallique de quelques abribus ou d'une rame de métro ? Transporté par la billevesée des vacances-au-bout-du-monde, on risque trop de s'arrêter au cliché de carte postale… et de passer à côté de l'essentiel.

La Guadeloupe – cette île qui, vue du ciel, déploie des ailes de papillon – arbore une palette de paysages, de gens et de coutumes aux nuances indociles. Trop souvent présentée comme une humble parente de la métropole, elle s'affranchit aisément de sa casaque de commensale pour étaler ses richesses devant le promeneur qui prend le temps d'interrompre sa course. Car au-delà de sa nature de belle tropicale, cette terre volcanique dissimule de véritables petits pays de cocagne. Ainsi l'Habitation Tendacayou, à laquelle ce livre rend hommage et dont le nom aux étranges syllabes claque gaiement sur la langue comme une prosodie aux accents à la fois barbares et familiers. En surplomb de la baie de Deshaies, un charmant village de pêcheurs flanqué de douces collines herbeuses, une piste qui serpente parmi les bananeraies et les champs de canne à sucre vous conduit chez George et Sylvie, un couple d'authentiques boucaniers dont l'histoire tient à elle seule du roman.

Il y a plus de quinze ans, ils ont décidé de changer de vie et se sont offert, loin de la métropole, ce bout de terre où tout était à faire. Charpentier de métier, Georges a réalisé de ses mains plusieurs maisons d'hôtes en bois exotique perchées dans les arbres, auxquelles un air un peu de guingois confère une allure attachante. Sylvie tient, quant à elle, la meilleure table de Guadeloupe. Elle régale ses hôtes de poissons frais et de légumes-pays, ainsi que de plats mijotés qu'elle emprunte au répertoire culinaire classique, mais qui sont soigneusement adaptés aux produits locaux. Une cuisine française tatouée d'antillais, comme cette blanquette de dorade aux patates douces ou cette purée « minute » de fruits à pain qui n'a rien à envier à nos rattes du Touquet, servie dans des calebasses évidées. Ou encore une étonnante béarnaise aux fruits de la passion et à la vanille, à déguster avec des demi-langoustes grillées. Laissez-vous séduire par les recettes de cette cuisinière qui, d'instinct, a su capturer une Guadeloupe loin des redites…

Sandrine Giacobetti

Un coin de paradis

En septembre 1989, le cyclone Hugo ravagea la Guadeloupe avec une violence inouïe. Quelques semaines plus tard, je débarquais sur l'île avec mes fils et mon mari, charpentier de métier, qui venait prêter mains fortes à la reconstruction des habitations.

Nous sommes immédiatement tombés amoureux de Deshaies, un paisible village de pêcheurs, situé au nord de Basse-Terre. C'est près de ce petit bourg aux cases traditionnelles très colorées que nous avons décidé de poser nos valises, une bonne fois pour toutes. Ainsi commence l'histoire de Tendacayou, un site hors du commun dominant la baie de la Grande Anse où les navires corsaires jetaient l'ancre autrefois. « Tendacayou » est le nom créole d'un arbre « tendre comme un cailloux »... Avec ses sonorités joyeuses et chantantes, ce mot nous a semblé idéal pour baptiser notre nouveau coin de paradis.

Après six longues années d'aménagement de terrain et de plantations, nous avons réussi à obtenir l'autorisation de construire. Nous avons bâti ensemble huit bungalows, sans porte ni fenêtre, pour vivre au plus près de la nature et profiter au maximum de la végétation luxuriante. Il a aussi fallu résoudre de multiples problèmes administratifs, amener l'eau par captage, installer l'électricité... Un travail de longue haleine exigeant une bonne dose de patience et autant de persévérance ! À la fin de l'année 1999, nous avons eu le plaisir d'accueillir nos premiers hôtes : la plus belle des récompenses !

Ici, chacun a sa spécialité et participe à sa façon à la vie de Tendacayou. Georges, mon mari, assume pleinement son rôle de bâtisseur et de « Géo-trouve-tout » en vadrouille. Je compte aussi sur lui pour pêcher quelques poissons de temps en temps... Quant à moi, je suis plutôt « l'artiste » de l'équipe : j'aime créer, décorer, peindre, et bien sûr cuisiner et recevoir. Une passion qui m'a conduite à ouvrir une table d'hôtes : Le Poisson Rouge. C'est simple, on y mange tout ce que j'aime ! Marlins et thazards fraîchement pêchés, fruits et légumes de l'île... Pour me ravitailler, j'arpente les marchés. Je ne laisserais ma place pour rien au monde. Quel bonheur de déambuler au beau milieu des produits locaux, véritables cadeaux d'une nature riche et généreuse qui vous rend la vie tellement plus douce ! Quel plaisir de choisir des cives bien rouges, des avocats à la chair olive et au subtil parfum de noisette, des gombos à la peau duveteuse, des christophines débordant des sacs de jute, des piments de toutes les couleurs... Je ne me lasse jamais de ces expéditions quotidiennes. Je rentre à chaque fois les bras chargés de produits frais, avec en tête mille et une idées de petits plats à préparer. Parfois, sur la route du retour, il m'arrive de recevoir un coup de fil d'un ami pêcheur, sur sa barque en pleine mer, me demandant si un thon « z'aile jaune » m'intéresse et s'il peut passer me le déposer dans l'heure... Mon bonheur est alors complet !

La cuisine, c'est une histoire de famille. Je suis tombée dans la marmite quand j'étais jeune, avec ma sœur Michelle, cuisinière hors pair, et mon frère Christian, aujourd'hui grand chef à Bordeaux. Mon arrière-grand-mère était cuisinière, ma grand-mère nous régalait de cagouilles (escargots) et de monjettes, ces délicieux légumes d'autrefois... Mon père aussi avait ses propres spécialités. Quant à ma mère, elle nous a bercés dans ces odeurs inimitables de petits plats qui mijotent des après-midi entiers. Comment oublier le parfum du zeste d'orange dans le riz au lait qui cuit doucement, ou bien celui de la poule au pot qui glougloute à petit feu? Tous les repas de notre enfance sont consignés dans de petits carnets qu'elle garde précieusement. À défaut de carnet, je vous propose ce livre, riche de recettes originales et métissées, à l'image de Tendacayou.

Sylvie Clément

Sommaire

un déjeuner *sous les manguiers*

Sur les manguiers pareils à de longs mâts garnis de traverses, quelques maisons juchées étirent leurs ombres dans le contre-jour. Aujourd'hui, Sylvie s'est éclipsée de bon matin. Elle doit parcourir près de 40 kilomètres d'une route sinueuse pour se rendre au marché de Bergevin, dont les échoppes débordantes d'épices ont la réputation d'être les mieux achalandées de toute la ville.

On trouve de tout dans ces ruelles surélevées par précaution contre les grandes pluies, où des refrains bourdonnants persistent à égayer l'air raréfié. Deux fois par semaine, Sylvie fait le plein de légumes-pays, de poissons frais et d'assaisonnements indispensables à son étonnante cuisine, qui s'ouvre dès midi sur l'incontournable ti-punch, proverbial dans cette partie du monde, et dont la recette évolue au fil de la journée.

Loin des poncifs culinaires, la table du Poisson Rouge donne le change, comme ces paupiettes de capitaine au piment végétalien que Sylvie n'hésite pas à conjuguer avec un déroutant gratin de bananes légumes… On peut l'accompagner d'une poignée d'acras, ces succulents beignets de crevettes, de morue ou de chou aux fines herbes qu'un restaurateur guadeloupéen ne saurait retrancher de son menu sans rougir. Après ça, on s'attarde sans faire de façon sur une petite assiette de pain perdu à la cannelle, trouvant là une belle occasion de goûter à cette épice abondamment cultivée dans l'île.

Les notes secrètes du ti-punch : un voile de sucre de canne, quelques quartiers de citron vert, pressés avec le dos d'une cuillère contre les parois du verre, un doigt de rhum blanc... Allez, deux !

les piments

1

2

3

PIMENT OISEAU (page de gauche). Petit et pointu, très piquant et peu parfumé – comparé aux autres piments antillais –, il se récolte dès qu'il prend une belle couleur rouge vif. On le consomme au vinaigre, à l'huile ou séché. Il est aussi utilisé pour rendre plus goûteux les plats en sauce comme les ragoûts.

PIMENT VÉGÉTALIEN (ci-dessus, 1). Ce petit piment allongé, de couleur verte, orange ou rouge, a la particularité d'offrir le parfum très fort du piment antillais, sans toutefois en avoir le piquant. Idéal, donc, pour toutes les personnes redoutant le feu du « lampion » ou du « négresse » !

PIMENT LAMPION (ci-dessus, 2). Appelé aussi piment « Bonda Man Jacques », il se révèle particulièrement piquant. Le piment lampion pousse sur de petits arbustes et se consomme vert, jaune, orange ou rouge, mariné dans de l'huile, cru, cuit, en pâte ou en extrait. Il faut savoir que la saveur piquante de tous les piments réside dans leurs graines et leur peau. Mieux vaut donc veiller à ne pas les écraser en les cuisinant…

PIMENT NÉGRESSE (ci-dessus, 3). De la même variété que le piment lampion, il est encore plus parfumé et plus piquant. De couleur brun foncé, on ne le trouve qu'à l'état sauvage, dans les jardins.

POUR 4 PERSONNES / PRÉPARATION 30 MIN / CUISSON 5 À 8 MIN / RÉFRIGÉRATION 30 MIN

Acras de giraumon

300 g de giraumon
1 oignon
1 gousse d'ail
2 cives
1/4 de piment antillais
2 brins de persil
2 œufs
1/2 cuil. à café de levure chimique
1 l d'huile de pépins de raisin
2 citrons verts
sel, poivre du moulin

- Émincez finement l'oignon et l'ail. Hachez les cives, le piment et le persil. Épluchez la courge giraumon, puis râpez-la. Mettez-la dans un saladier et ajoutez l'oignon, l'ail, les cives, le piment et le persil hachés. Incorporez les œufs, salez et poivrez. Mélangez bien et réservez au frais pendant 30 min. Au bout de ce temps, ajoutez la levure chimique et mélangez.

- Faites chauffer l'huile dans une friteuse. Laissez tomber dans celle-ci des petits tas de pâte à l'aide d'une cuillère. Faites dorer les acras sur toutes les faces, puis égouttez-les sur du papier absorbant. Salez et poivrez. Servez avec des quartiers de citron vert.

le conseil de Sylvie

Vous pouvez remplacer le giraumon par un mélange de citrouille et de pomme de terre râpées.

POUR 4 PERSONNES / PRÉPARATION 20 MIN / CUISSON 4 À 6 MIN

Ouassous vapeur, *vinaigrette de mangue*

8 ouassous
3 petites mangues
dont une très mûre
le jus de 1 citron vert
4 cuil. à soupe d'huile d'olive
4 cives
1 cuil. à café de piment de Cayenne
1 bouquet de coriandre
4 feuilles de citronnier
sel, poivre du moulin

- Pelez les mangues et retirez leur noyau. Mixez-les avec le jus de citron vert, 10 cl d'eau, l'huile d'olive, sel, poivre. Versez ce mélange dans un bol, ajoutez les cives hachées, le piment de Cayenne et la coriandre finement ciselée.

- Décortiquez les queues des ouassous, salez et poivrez. Roulez les queues deux par deux dans les feuilles de citronnier que vous maintiendrez avec une pique en bois. Mettez-les dans le panier d'un cuit-vapeur et laissez-les cuire pendant 4 à 6 min.

- Servez les ouassous dans leur papillote végétale en les assaisonnant de vinaigrette à la mangue.

le conseil de Sylvie

Vous pouvez remplacer les ouassous par des langoustines, des cigales de mer ou des lambis. Dans ce dernier cas, pour rendre leur chair plus tendre, n'oubliez pas de les battre énergiquement avant de les mettre dans le panier. (Battez-les à l'aide d'une planche à découper en bois, par exemple.)

POUR 4 PERSONNES / PRÉPARATION 30 MIN / CUISSON 4 À 5 MIN

Beignets d'orphie, *sauce rouille*

8 petites orphies
1 l d'huile de pépins de raisin
sel, poivre du moulin

PÂTE À BEIGNETS

300 g de farine + 1 cuil. à soupe
100 g de farine de maïs
4 pincées de levure chimique
2 pincées de bicarbonate de soude
2 œufs
60 cl d'eau
sel, poivre du moulin

SAUCE ROUILLE

4 gousses d'ail
1 piment rouge
1 jaune d'œuf
1 pincée de safran
20 cl d'huile d'olive
sel, poivre du moulin

PRÉPAREZ LA PÂTE À BEIGNETS

- Une heure avant de réaliser la pâte à beignets, mettez tous les ingrédients au frais. Mélangez les farines, la levure, le bicarbonate de soude, sel, poivre, les œufs. Ajoutez l'eau d'un seul coup et mélangez rapidement au fouet sans chercher à obtenir une consistance homogène (il peut rester quelques grumeaux).

PRÉPAREZ LA SAUCE ROUILLE

- Pelez et émincez grossièrement les gousses d'ail. Émincez le piment en lamelles. Pilez-le avec l'ail dans un mortier. Ajoutez le jaune d'œuf et le safran, salez et poivrez. Versez l'huile d'olive peu à peu, en tournant comme pour une mayonnaise. Ajoutez 1 cuil. à soupe d'eau tiède lorsque la sauce s'est épaissie. Couvrez d'un film alimentaire et réservez au frais.

PRÉPAREZ LES FILETS DE POISSON

- Levez les filets d'orphies, lavez-les et essuyez-les. Salez et poivrez. Faites chauffer l'huile de pépins de raisin à 180 °C. Trempez les filets d'orphies dans la pâte à beignets, farinez-les avec une cuillère à soupe, puis plongez-les dans l'huile chaude. Lorsqu'ils sont bien dorés, égouttez-les sur du papier absorbant. Servez avec la sauce rouille.

les conseils de Sylvie

Ces beignets sont excellents servis à l'apéritif.
À défaut d'orphies, utilisez des sardines ou des sprats.

POUR 4 PERSONNES / PRÉPARATION 15 MIN / CUISSON 10 MIN

Paupiettes de capitaine *au piment végétalien*

- 4 filets de capitaine
- 1 boîte de filets d'anchois à l'huile
- olives noires dénoyautées
- 4 piments végétaliens
- 1 bouquet de basilic
- huile d'olive
- poivre du moulin

• Préchauffez le four (th. 7/210 °C). Taillez les filets de capitaine en rubans de 2 cm dans la longueur, puis aplatissez-les légèrement à l'aide d'un rouleau à pâtisserie entre deux feuilles de film alimentaire. Poivrez.

• Posez au milieu de chaque ruban de capitaine 1 filet d'anchois égoutté et 2 belles feuilles de basilic. Roulez les filets de capitaine sur eux-mêmes en paupiettes et maintenez-les avec des piques à brochette en bois, en piquant 1 olive noire et 1/2 piment végétalien sur chaque paupiette.

• Disposez les paupiettes dans un plat allant au four et arrosez d'un filet d'huile d'olive. Glissez-les dans le four et laissez cuire pendant 10 min.

POUR 4 PERSONNES / PRÉPARATION 10 MIN / CUISSON 10 MIN

Bananes légumes *poêlées*

- 3 bananes plantain
- 1 piment végétalien
- 1 l d'huile de pépins de raisin
- 2 citrons verts
- 1 branche de thym
- 5 brins de cives
- 3 brins de persil
- sel, poivre du moulin

• Coupez le piment en deux et retirez les graines. Hachez finement sa chair. Réservez.

• Coupez les extrémités des bananes, fendez-les dans la longueur pour retirer la peau, puis débitez-les en rondelles épaisses.

• Chauffez l'huile dans une poêle et faites-y revenir les cives, le persil et la branche de thym. Ajoutez les rondelles de banane et laissez-les dorer 5 min environ, en les surveillant pour qu'elles ne brûlent pas. Égouttez-les sur un papier absorbant. Salez et poivrez, parsemez de piment haché et servez aussitôt avec des quartiers de citron vert.

les conseils de Sylvie

Si les bananes ne sont pas mûres à point, arrosez-les de cidre lors de la cuisson pour les adoucir.
Servez ce plat avec des brochettes d'agneau, un poulet au curry, un rôti de veau ou bien un poisson poêlé.

POUR 4 PERSONNES / PRÉPARATION 30 MIN / CUISSON 30 MIN

Feuilles de chou farcies *aux légumes*

1 chou frisé
1/2 baguette
1/4 de l de lait
1 carotte
2 petits poireaux
1 navet
1 oignon
2 gousses d'ail
30 g de beurre
2 cuil. à soupe d'huile d'olive
1 cuil. à soupe de crème fraîche
2 œufs
1 pincée de quatre-épices
30 cl de cidre brut
sel, poivre du moulin

- Faites tremper la mie de pain dans le lait. Lavez et épluchez la carotte, les poireaux et le navet, puis émincez-les finement, ainsi que l'oignon et l'ail.

- Réservez les huit plus belles feuilles du chou. Coupez le reste du chou en quatre et faites-le blanchir avec ses feuilles entières pendant 5 min dans de l'eau bouillante salée. Égouttez, puis coupez les feuilles en fines lanières.

- Faites revenir les légumes, l'oignon et l'ail, ainsi que le chou émincé avec 20 g de beurre et 1 cuil. à soupe d'huile d'olive. Salez et poivrez. Transférez les légumes dans un saladier, ajoutez la mie de pain essorée, la crème fraîche, les œufs et une pointe de quatre-épices.

- Préchauffez le four (th. 6/180 °C). Farcissez les feuilles de chou réservées avec le mélange de légumes. Formez des petits paquets et maintenez-les fermés avec de la ficelle à rôti. Faites dorer dans une poêle les feuilles farcies avec l'huile et le beurre restants. Disposez-les dans un plat allant au four, arrosez de cidre et laissez cuire 20 min. Rectifiez l'assaisonnement et servez aussitôt.

le conseil de Sylvie

Vous pouvez agrémenter la farce aux légumes de graines de moutarde, de filets de poisson (de la raie par exemple), et servir alors les choux avec un beurre blanc ou citronné.

POUR 4 PERSONNES / PRÉPARATION 20 MIN / CUISSON 15 MIN

Pain perdu au beurre *de sucre de canne*

4 tranches épaisses de pain de mie
2 œufs
1/2 l de lait
1 cuil. à café d'essence de vanille
1/2 l de glace vanille
4 feuilles de menthe

POUR LA SAUCE

250 g de beurre
475 g de sucre de canne
3 œufs
3 cuil. à soupe de whisky

PRÉPAREZ LA SAUCE

• Faites fondre le beurre dans une casserole sur feu doux. Avant qu'il soit complètement fondu, ajoutez le sucre, puis versez le mélange dans un bol supportant la cuisson. Placez ce dernier dans une casserole au bain-marie et fouettez au batteur, sur feu moyen, jusqu'à ce que le mélange devienne crémeux. Retirez le bol du bain-marie et incorporez les œufs battus en omelette. Continuez de battre pendant 5 min pour que la sauce prenne du volume, puis ajoutez le whisky. Mélangez, c'est prêt. Réservez.

PRÉPAREZ LE PAIN PERDU

• Fouettez les œufs avec le lait et l'essence de vanille. Trempez les tranches de pain dans ce mélange et égouttez-les légèrement. Faites-les cuire à la poêle, sur les deux faces, dans un peu beurre fondu. Lorsqu'elles sont bien dorées, coupez-les en deux en diagonale, disposez-les sur les assiettes de service et nappez-les avec le beurre au sucre de canne. Servez avec des feuilles de menthe et une boule de glace à la vanille.

le conseil de Sylvie

J'ajoute toujours un peu de cannelle à la sauce, c'est un délice !

POUR 4 PERSONNES / PRÉPARATION 20 MIN / CUISSON 30 MIN / REPOS 30 MIN

Crêpes au caramel *façon Lydie*

30 cl de lait
150 g de farine
3 œufs
100 g de sucre de canne
50 g de beurre doux
1 pincée de sel
1 trait de rhum brun
huile d'arachide
50 g de beurre demi-sel
1/2 l de glace à la vanille

- Pour la pâte à crêpes, faites tiédir le lait avec 3 cuil. à soupe d'eau. Mettez la farine en puits dans un saladier et versez le mélange de lait et d'eau en délayant. Laissez reposer pendant 30 min avant d'ajouter les œufs, 50 g de sucre de canne, le beurre doux que vous aurez fait fondre, la pincée de sel et un trait de rhum brun.

- Graissez une petite poêle à l'aide d'un chiffon imbibé d'huile et faites-la chauffer sur feu moyen. Préparez les crêpes et réservez-les entre deux assiettes.

- Juste avant de servir, faites fondre dans la poêle le beurre demi-sel, puis ajoutez le sucre de canne restant. Lorsque le caramel est presque roux, réchauffez les crêpes une à une en les retournant dans le caramel. Servez-les chiffonnées avec une boule de glace à la vanille, après les avoir nappées du reste de caramel.

le conseil de Sylvie

N'hésitez pas à garnir ces crêpes de fruits rouges frais (groseilles, framboises, fraises...) au moment de servir. Non seulement ils apportent une élégante touche colorée dans l'assiette, mais leur goût se marie très bien avec le caramel.

Riz safrané aux petits légumes poêlés

POUR 4 PERSONNES
PRÉPARATION 15 MIN
CUISSON 15 MIN

200 g de riz
2 g de safran en filaments
1 courgette
1 poivron rouge
2 poireaux
2 cuil. à soupe d'huile d'olive
le jus de 1 citron vert
1 cuil. à soupe de raisins secs
4 cives
sel, poivre du moulin

- Faites cuire le riz avec le safran dans deux fois son volume d'eau en arrêtant la cuisson lorsqu'il est encore légèrement croquant.

- Lavez et essuyez les légumes, puis émincez-les le plus finement possible. Faites-les revenir rapidement dans une sauteuse avec 2 cuil. à soupe d'huile d'olive. Incorporez le riz et les raisins secs, sel, poivre, le jus de citron vert. Mélangez et laissez cuire pendant 2 min, puis ajoutez les cives hachées et servez.

Chatrous au vin rouge

POUR 4 PERSONNES
PRÉPARATION 30 MIN
CUISSON 1 H15

1 kg de petits chatrous
le jus de 2 citrons
1 oignon
1/2 bouquet de persil
3 gousses d'ail
3 tomates
2 cuil. à soupe d'huile d'olive
2 brins de thym
2 cuil. à soupe de concentré de tomate
1 piment végétalien
5 cl de vinaigre de vin rouge
2 pincées de sucre de canne
50 cl de vin rouge
sel, poivre du moulin

- Nettoyez les chatrous, retirez les poches d'encre et les ventouses. Lavez-les dans plusieurs eaux additionnées de jus de citron. Égouttez-les et séchez-les avec du papier absorbant. Battez les chatrous pendant 3 min sur le plan de travail avec une planche à découper pour bien éclater leur chair.

- Hachez finement l'oignon et le persil, puis écrasez les gousses d'ail dont vous aurez retiré les germes. Lavez les tomates et coupez-les en dés. Coupez les tentacules et le corps des chatrous en petits dés. Faites-les revenir 2 à 3 min sur feu vif dans une cocotte en fonte avec 2 cuil. à soupe d'huile d'olive, en remuant continuellement. Ajoutez le persil ciselé, l'oignon, l'ail et le thym émietté, remuez, puis incorporez les tomates en dés, le concentré de tomate et le piment entier. Salez et poivrez, puis versez le vinaigre, le sucre et le vin rouge.

- Baissez le feu dès la reprise de l'ébullition, couvrez et laissez mijoter 1 h. Ensuite, retirez le couvercle de la cocotte et laissez cuire sur feu doux 15 min supplémentaires, en ajoutant un peu d'eau pendant la cuisson si nécessaire.

le conseil de Sylvie

Pour que les chatrous soit tendres à souhait, je les fais cuire au préalable dans un grand volume d'eau avec un bouchon de liège.

Espadon pané au coco, sauce aux huîtres

POUR 4 PERSONNES
PRÉPARATION 40 MIN
CUISSON 10 MIN

4 tranches d'espadon pas trop épaisses
150 g de chair de noix de coco fraîche
1 l d'huile de pépins de raisin

PÂTE À BEIGNETS

300 g de farine
100 g de farine de maïs
4 pincées de levure chimique
2 pincées de bicarbonate de soude
2 œufs – 60 cl d'eau
sel, poivre du moulin

SAUCE AUX HUÎTRES

30 g de champignons noirs chinois séchés
6 cives
120 g de beurre
3 traits de sauce d'huîtres
10 cl de vin blanc sec ou de cidre brut
20 cl de crème fleurette
1 trait de pastis
le jus de 1/2 citron vert
125 g de beurre
sel, poivre du moulin

• Une heure avant de réaliser la pâte à beignets, mettez tous les ingrédients au frais.

• Préchauffez le four (th. 6/180 °C). Râpez la noix de coco avec la grosse grille du robot-coupe. Étalez la chair râpée sur une tôle à pâtisserie et laissez-la sécher doucement en la mettant dans le four chaud et en remuant régulièrement afin qu'elle ne brunisse pas trop. Sortez-la du four dès qu'elle commence à dorer légèrement.

• Préparez la pâte à beignets : mélangez les farines, la levure, le bicarbonate de soude, sel, poivre, les œufs. Ajoutez l'eau d'un seul coup et mélangez rapidement au fouet sans chercher à obtenir une consistance homogène (il peut rester quelques grumeaux). Faites ensuite chauffer l'huile de pépins de raisin à 180 °C.

• Préparez la sauce aux huîtres. Faites tremper les champignons dans un bol d'eau bouillante 30 min. Faites ensuite étuver les cives hachées dans une poêle avec 25 g de beurre. Ajoutez les champignons rincés, égouttés et émincés, la sauce d'huîtres, le vin blanc (ou le cidre) et laissez réduire d'un tiers. Incorporez la crème, portez à ébullition et laissez frémir quelques minutes à petit feu en remuant. Hors du feu, ajoutez le jus du demi-citron, un trait de pastis et montez la sauce à l'aide d'un fouet en incorporant petit à petit le beurre restant très froid coupé en petits morceaux. Salez modérément (la sauce d'huîtres est déjà salée) et poivrez généreusement. Réservez au chaud.

• Salez et poivrez les tranches d'espadon. Trempez-les dans la pâte à beignets, passez-les dans la coco râpée, puis plongez-les aussitôt dans l'huile chaude. Laissez-les dorer, en les retournant avec une pince à spaghetti. Égouttez sur du papier absorbant. Servez avec la sauce aux huîtres.

Chocolat chaud aux épices

POUR 4 PERSONNES
PRÉPARATION 10 MIN
CUISSON 10 MIN

1 bâton de cacao
250 g de chocolat noir à 72 %
1 gousse de vanille
1 bâton de cannelle
25 cl de crème fleurette
1 tasse de café corsé

• Faites fondre le bâton de cacao au bain-marie avec un verre d'eau. Ajoutez le chocolat noir en carrés et grattez l'intérieur de la gousse de vanille au-dessus de la casserole. Ajoutez la cannelle. Laissez fondre le tout, puis versez la crème fleurette et le café. Passez le mélange au mixeur pour l'aérer. Servez chaud, avec une noix de chantilly maison par exemple.

Infusion à la citronnelle

POUR 1 PERSONNE
PRÉPARATION 3 MIN

5 tiges de citronnelle fraîche
sucre de canne (selon le goût)

• Rincez les tiges de citronnelle et coupez-les en morceaux. Faites bouillir de l'eau et jetez-y la citronnelle. Laissez infuser selon le goût. Servez chaud ou glacé, avec du sucre de canne.

pique-nique

à la plage

Le temps est idéal. Jean-Luc, leur ami pêcheur, a donné rendez-vous pour le déjeuner à Georges et Sylvie en bord de mer. Ils le connaissent depuis toujours, ou presque… En fait, depuis leur installation à Tendacayou.
Vers midi, ils se sont retrouvés sur le sable, et Jean-Luc a étalé sa pêche frétillante et bigarrée, épiloguant sur ses dernières prises, un rictus de plaisir sur ses lèvres humectées de planteur.
Le pique-nique, en Guadeloupe, n'est pas une activité ordinaire. On y déploie des trésors d'ingéniosité, on récupère tout, c'est une question de principe. Emportez votre couteau, et oubliez le reste ! La plage, c'est le fief du bricolage, le royaume du système D. Prenez par exemple un bidon d'essence, ouvrez-le en deux : une moitié garnie de braises servira de barbecue pour préparer du poisson boucané sur un lit de canne à sucre, ou une brandade de morue, c'est selon. Il suffit d'y ajouter une sauce chien ou de l'accompagner de piments végétaliens, savoureux et qui ne piquent pas. Si la pêche le permet, Sylvie n'a pas son pareil pour préparer des lambis poêlés à l'ail et au persil… Un délice ! Enfin, abrité du soleil dans l'ombre ténue d'un long palmier, on aura vite fait de se laisser tenter par des petits morceaux d'ananas enfilés sur un bâton de canne à sucre, aussi bons que rafraîchissants.

Bleu azur, mer turquoise, poissons aux couleurs de l'arc-en-ciel...
Quelques-uns des ingrédients d'une journée à la plage réussie.

les bananes

1

2

3

4

LA BANANE PLANTAIN (page de gauche et ci-dessus, 4). Jaune vif tacheté de noir quand elle est mûre, la banane plantain est très utilisée dans la gastronomie antillaise. Elle peut se déguster aussi bien salée que sucrée : bouillie dans sa peau, en gratin, en daube, poêlée avec du beurre et du sucre, en beignets, et même en chips, avec un ti-punch. Tout jardin antillais qui se respecte possède au moins un pied de banane plantain !

LA FIGUE POMME (ci-dessus, 1). Moins grosse que la banane plantain, courte et trapue, elle possède une peau très fine qui se craquelle lorsqu'elle est mûre, pour le plus grand bonheur des sucriers, petits oiseaux colorés qui viennent s'en rassasier. Sa chair, douce et acidulée, en fait une délicieuse banane de dessert à déguster nature, dans les salades de fruits ou en confiture.

LA BANANE VERTE OU « POYO » (ci-dessus, 2 et 3). Il s'agit en fait de la banane dessert traditionnelle, appelée aussi « figue », que l'on peut manger verte. Bouillie, elle agrémente un court-bouillon de poisson ; écrasée, elle permet de réaliser de délicieux gratins dont le goût rappelle celui de la châtaigne. Une fois jaune, bien mûre, elle fait merveille en confiture, particulièrement quand elle est associée à la carambole. La poyo se déguste aussi en tartes, flambée ou nature, tout simplement !

POUR 4 PERSONNES / PRÉPARATION 20 MIN / CUISSON 5 MIN / RÉFRIGÉRATION 1H

Chiquetaille de morue *et avocats*

500 g de morue
1 avocat mûr
3 petits oignons blancs
2 gousses d'ail
3 cives
1 petit bouquet de persil
le jus de 2 citrons verts
2 cuil. à soupe de vinaigre de canne
3 cuil. à soupe d'huile d'olive
1/4 de piment antillais haché

- Préchauffez le gril du four. Faites pocher la morue pendant 5 min dans de l'eau bouillante en renouvelant deux fois l'opération. Laissez-la refroidir sur du papier absorbant, puis passez-la pendant 5 min sous le gril du four. Retirez la peau et les arêtes de la morue, puis émiettez sa chair entre vos doigts. Réservez dans un bol.

- Coupez l'avocat en deux, retirez le noyau (ne le jetez pas) et coupez sa chair en dés. Mélangez-la à la morue avec les oignons hachés, l'ail écrasé, les cives et le persil finement ciselés. Mélangez, puis ajoutez le jus des citrons verts, le vinaigre de canne, l'huile d'olive et le piment haché. Enfoncez le noyau d'avocat au centre. Laissez reposer pendant 1 h minimum au réfrigérateur avant de servir.

le conseil de Sylvie

Plus vous laisserez reposer la chiquetaille, plus ses arômes auront le temps de se développer, de se marier, et de parfumer merveilleusement la préparation.

POUR 4 PERSONNES / PRÉPARATION 30 MIN / CUISSON 20 MIN

Brandade de morue
aux piments végétaliens

400 g de morue salée
1 tête d'ail hachée
300 g de piments végétaliens
1/4 l d'huile d'olive

- Plongez la morue dans une casserole d'eau bouillante et laissez frémir pendant 10 min. Recommencez deux fois cette opération. Égouttez la morue.

- Retirez la peau et les arêtes du poisson. Émiettez la chair et mixez-la tant qu'elle est encore chaude avec l'ail et les piments végétaliens. Versez l'huile et mixez de nouveau. Servez la brandade tiède, en apéritif, avec quelques croûtons par exemple.

le conseil de Sylvie

Une petite astuce pour dessaler la morue plus rapidement : faites-la pocher avec un morceau de charbon de bois.

POUR 4 PERSONNES / PRÉPARATION 30 MIN / CUISSON 55 MIN

Lambis poêlés à l'ail *et au persil*

1 kg de lambis frais
2 cuil. à soupe de vinaigre d'alcool
le jus de 1 citron vert
50 g de beurre demi-sel
2 gousses d'ail
1/2 bouquet de persil plat
sel, poivre du moulin

- Mettez les lambis dans un saladier rempli d'eau avec le vinaigre d'alcool et le jus du citron vert. Nettoyez les lambis dans cette eau jusqu'à ce que la peau devienne rugueuse. Ouvrez les lambis en deux dans le sens de la longueur. Grattez la partie jaune de l'intérieur et retirez la peau noire aux extrémités. Battez les lambis à l'aide d'une planche à découper pour bien éclater leur chair. Coupez finement celle-ci et faites-la cuire 45 min dans le panier d'un cuit-vapeur pour l'attendrir. Égouttez.

- Faites fondre le beurre dans une poêle. Ajoutez les lambis bien égouttés, les gousses d'ail écrasées dont vous aurez ôté le germe, sel et poivre. Faites revenir les lambis pendant 10 min en remuant. Parsemez de persil haché et servez aussitôt.

le conseil de Sylvie

Utilisez de préférence des lambis frais – leur goût rappelle alors celui de la coquille Saint-Jacques –, plutôt que surgelés.

POUR 4 PERSONNES / PRÉPARATION 30 MIN / CUISSON 30 MIN

Poisson *boucané*

1 belle dorade
3 cannes à sucre
1 feuille de bananier

SAUCE CHIEN

3 cives
2 gousses d'ail
1/2 piment antillais
1/2 bouquet de persil plat
3 cuil. à soupe de vinaigre de canne
5 cuil. à soupe d'huile d'arachide
1 piment végétalien
le jus de 2 citrons verts

PRÉPAREZ LA SAUCE CHIEN

- Hachez les cives, les gousses d'ail, le piment antillais dont vous aurez retiré les graines et le persil. Ajoutez le vinaigre de canne, l'huile, le jus des citrons verts, le piment végétalien émincé en rondelles puis 5 cuil. à soupe d'eau.

PRÉPAREZ UN BARBECUE

- Fendez les cannes à sucre en deux dans la longueur, faites flamber ; posez la grille au-dessus des braises. Disposez le poisson sur la grille, couvrez avec la feuille de bananier et laissez cuire à l'étouffée. Servez avec la sauce chien.

le conseil de Sylvie

Les plats boucanés sont fumés ainsi, grâce à leur cuisson à l'étouffé sous les feuilles de bananier.

POUR 4 PERSONNES / PRÉPARATION 20 MIN / CUISSON 45 MIN / DESSALAGE 1 NUIT

Gombos à la tomate *et à la morue*

300 g de morue salée
4 cuil. à soupe d'huile d'olive
500 g de gombos
1 kg de tomates
4 cives
2 pincées de sucre de canne
1 piment végétalien
10 cl de vin rouge
piment de Cayenne (ou antillais)
1/2 bouquet d'aneth
sel, poivre du moulin

PRÉPAREZ LA MORUE

- Faites dessaler la morue dans une grande marmite d'eau froide pendant toute une nuit, en changeant l'eau plusieurs fois.

- Le lendemain, faites pocher la morue pendant 10 min dans l'eau bouillante. Égouttez-la et faites-la revenir dans une poêle avec 2 cuil. à soupe d'huile d'olive.

PRÉPAREZ LES GOMBOS

- Retirez le pédoncule des gombos. Faites-les blanchir pendant 3 min dans de l'eau bouillante salée. Égouttez. Ébouillantez les tomates pour les peler, épépinez-les et concassez la chair. Mettez celle-ci dans une sauteuse avec 2 cuil. à soupe d'huile d'olive. Ajoutez les cives grossièrement hachées, le sucre et le piment. Mouillez avec le vin rouge, couvrez et laissez cuire 30 min sur feu doux. Salez et poivrez.

- Ajoutez la morue dans la sauteuse, laissez cuire 10 min et incorporez les gombos. Laissez mijoter pendant 5 min supplémentaires, ajoutez le piment de Cayenne et l'aneth ciselé. Servez aussitôt.

les conseils de Sylvie

J'ajoute au coulis de tomate une branche de céleri pour le parfumer. Vous pouvez remplacer les gombos par des fonds d'artichauts ou des haricots verts.

Bananes *flambées*

POUR 4 PERSONNES
PRÉPARATION 5 MIN
CUISSON 10 MIN

8 bananes type figue
50 g de beurre demi-sel
2 cuil. à soupe de sucre de canne en poudre
le jus de 1 citron vert
rhum vieux
poivre du moulin

• Pelez les bananes, puis faites-les revenir dans le beurre demi-sel en les retournant. Saupoudrez de sucre de canne, versez le jus de citron vert, poivrez. Ajoutez le rhum et faites flamber aussitôt.

le conseil de Sylvie

Juste avant de servir, donnez deux tours de moulin de poivre de Sichuan. Le poivre fera ressortir toutes les saveurs de ce dessert.

Beignets de banane, *sauce au chocolat*

POUR 4 PERSONNES
PRÉPARATION 20 MIN
CUISSON 15 MIN
MACÉRATION 1 H

3 bananes fruits
le jus de 1 citron vert
1 l d'huile de pépins de raisin

PÂTE À BEIGNETS
200 g de farine
4 pincées de levure
2 pincées de bicarbonate de soude
1 cuil. à café de sucre de canne
1 œuf - 30 cl d'eau
sel, poivre du moulin

SAUCE CHOCOLAT
200 g de chocolat noir à 72 %
20 cl de crème fleurette
1 cuil. à soupe de sucre en poudre
100 g de beurre

• Une heure avant de réaliser la pâte à beignets mettez tous les ingrédients au frais. Préparez la pâte à beignets en mélangeant la farine, la levure, le bicarbonate de soude, sel, poivre, l'œuf. Ajoutez l'eau d'un seul coup, mélangez rapidement au fouet sans chercher à obtenir une consistance homogène (il peut rester quelques grumeaux).

• Pelez les bananes et coupez-les en rondelles. Mettez-les dans un plat avec le jus de citron vert et laissez mariner pendant 1 h.

• Faites fondre le chocolat au bain-marie en remuant continuellement. Dans une petite casserole, faites bouillir la crème fleurette avec le sucre, puis versez-la sur le chocolat fondu en remuant sans arrêt. Hors du feu, incorporez le beurre par petits morceaux, sans cesser de fouetter. Réservez au chaud.

• Trempez les rondelles de banane dans la pâte, puis plongez-les dans l'huile chaude. Quand ils sont bien dorés, égouttez les beignets sur du papier absorbant et servez-les avec la sauce chocolat.

le conseil de Sylvie

Vous pouvez ajouter du rhum vieux dans le chocolat ainsi qu'un peu d'extrait de café ou un café très fort.

POUR 4 PERSONNES / PRÉPARATION 30 MIN / CUISSON 5 MIN

Brochettes d'ananas *et canne à sucre*

2 ananas Victoria
15 cl de rhum vieux
1 canne à sucre fraîche
8 feuilles de citron lime
sucre de canne en poudre

- Tranchez le plumet des ananas et écorcez-les, coupez-les en rondelles, puis recoupez celles-ci en quatre. Arrosez-les de rhum vieux et laissez mariner quelques instants. Pelez la canne à sucre et coupez-la en fins bâtonnets, telles des piques à brochette.

- Préchauffez le gril du four. Enfilez les morceaux d'ananas sur les brochettes en intercalant des demi-feuilles de citron lime. Saupoudrez de sucre de canne.

- Faites cuire les brochettes sous le gril. Servez-les chaudes, avec une boule de glace à la vanille par exemple.

les conseils de Sylvie

Afin d'embrocher plus facilement les morceaux, trempez au préalable les bâtonnets de canne à sucre dans de l'eau. À défaut de canne à sucre fraîche, utilisez des piques en bois.

Beignets de carambole au curry

POUR 4 PERSONNES
PRÉPARATION 30 MIN
CUISSON 10 MIN

4 caramboles
1 l d'huile de pépins de raisin
3 piments végétaliens
6 cives
2 cuil. à soupe de curry en poudre

PÂTE À BEIGNETS

300 g de farine
100 g de farine de maïs
4 pincées de levure chimique
2 pincées de bicarbonate de soude
2 œufs
60 cl d'eau
sel, poivre du moulin

• Une heure avant de réaliser la pâte à beignets mettez tous les ingrédients au frais. Préparez la pâte à beignets en mélangeant la farine, la levure, le bicarbonate de soude, sel, poivre, l'œuf. Ajoutez l'eau d'un seul coup, mélangez rapidement au fouet sans chercher à obtenir une consistance homogène (il peut rester quelques grumeaux). Réservez au frais.

• Faites chauffer l'huile à 180 °C dans une bassine à friture. Épluchez les caramboles et coupez-les en tranches. Hachez très finement les cives et les piments végétaliens. Passez successivement les tranches de carambole dans le curry, le piment végétalien et la cive hachés.

• Plongez les tranches de carambole dans l'huile chaude et faites-les frire en les retournant. Égouttez-les sur du papier absorbant et servez sans attendre.

le conseil de Sylvie

Je propose souvent ces beignets accompagnés d'un ti-punch (voir recette page 15).

Potée de poissons aux petits légumes

POUR 4 PERSONNES
PRÉPARATION 30 MIN
CUISSON 3 MIN

1 kg d'épais filets de poisson (dorade, thazard...) coupés en gros dés
2 carottes - 2 navets
2 poireaux - 1 fenouil
1 chou vert
2 oignons
3 gousses d'ail
3 branches de thym frais
2 cuil. à soupe d'huile d'olive
35 cl de cidre brut
50 cl de fumet de poisson
1 tête de poisson (facultatif)
4 échalotes
30 g de beurre demi-sel
2 cuil. à soupe de moutarde à l'ancienne
10 cl de crème fleurette
50 g de beurre doux très froid
1 bouquet de persil plat
sel, poivre du moulin

• Lavez et émincez les légumes. Faites blanchir le chou pendant 3 min dans l'eau bouillante salée. Égouttez, puis faites revenir tous les légumes à l'huile d'olive dans une cocotte avec les oignons hachés, l'ail écrasé et les branches de thym. Salez, poivrez, ajoutez 25 cl de cidre et le fumet de poisson, la tête de poisson et laissez cuire doucement à couvert en comptant 30 min après le début de l'ébullition.

• Dans une poêle, faites revenir les échalotes grossièrement hachées dans le beurre demi-sel, ajoutez la moutarde, le cidre restant et 10 cl de crème fleurette. Laissez cuire pendant 2 min, puis incorporez le beurre doux très froid coupé en petits dés en fouettant la sauce pour la monter. Salez et poivrez, ajoutez le persil plat ciselé. Réservez au chaud.

• Plongez les cubes de poisson dans le bouillon. Rectifiez l'assaisonnement et versez dans des assiettes creuses ou des petites marmites individuelles. Nappez de sauce à la moutarde et servez aussitôt, avec des croûtons frottés d'ail par exemple.

le conseil de Sylvie

N'hésitez pas à varier les épices et les aromates. Vous pouvez, par exemple, remplacer le persil par un bouquet d'estragon.

Paupiettes de marlin fumé et poireaux vinaigrette

POUR 4 PERSONNES
PRÉPARATION 20 MIN
CUISSON 10 MIN

4 belles tranches fines de marlin fumé
4 jeunes poireaux moyens
salade mêlée

VINAIGRETTE À L'ANCIENNE

2 cives
1 cuil. à soupe de vinaigre de framboise
1 cuil. à café de moutarde à l'ancienne
3 cuil. à soupe d'huile d'olive
sel, poivre du moulin

• Commencez par préparer la vinaigrette : hachez finement les cives. Mettez-les dans un bol, salez et poivrez. Ajoutez le vinaigre et la moutarde, mélangez et versez l'huile en filet, sans cesser de remuer. Rectifiez l'assaisonnement.

• Nettoyez les poireaux, retirez la base et les feuilles flétries. Faites-les cuire pendant 10 min dans un cuit-vapeur, puis coupez-les en quatre dans le sens de la longueur et nappez-les de vinaigrette.

• Répartissez les poireaux sur les tranches de marlin fumé, poivrez, puis roulez le tout en paupiettes. Servez avec une salade mêlée.

le conseil de Sylvie

Je réalise aussi cette recette avec du saumon fumé, de la truite fumée ou du haddock.

Raie panée au four

POUR 4 PERSONNES
PRÉPARATION 20 MIN
CUISSON 15 MIN

1 aile de raie de 800 g
1/4 de baguette de pain rassis
6 gousses d'ail
1/2 bouquet de persil plat
huile d'olive
sel, poivre du moulin

• Préchauffez le four (th. 6/180 °C). Dépouillez l'aile de raie de sa peau en tirant avec un torchon. Coupez-la en quatre. Disposez les tranches de raie dans un plat huilé allant au four, salez et poivrez.

• Mixez grossièrement la baguette en chapelure. Réservez. Mixez l'ail et le persil. Roulez les morceaux de raie dans ce hachis, ajoutez la chapelure, puis aspergez d'un filet d'huile d'olive. Passez au four chaud pendant 15 min. Servez aussitôt.

escapade

au bord de la rivière

C'est une tradition que cultive la famille depuis son arrivée en Guadeloupe, ou peu s'en faut... Il y a une dizaine d'années, alors que l'Habitation Tendacayou commençait seulement à poindre dans la végétation luxuriante du pays de Deshaies, Georges reconnut le lit d'une petite rivière flanquée d'un chemin cahoteux. Il découvrit en amont un ravissant ruisseau avalé par la forêt et céda immédiatement au béguin.
À présent, il ne faut pas le prier longtemps avant qu'il empoigne au point du jour le volant de son 4x4 et emmène Sylvie et leur jeune fils Dimitri bivouaquer dans leur sanctuaire, à dix minutes de route de chez eux. Crépitement du charbon et cliquettements de couverts sur les gamelles émaillées, on se régale de petits plats préparés à la maison puis réchauffés sur la braise, à l'exemple de ces incroyables bricks de ouassous au beurre d'ail ; Sylvie prend soin de sélectionner ces grosses écrevisses d'eau douce au domaine de Séverin, à ses yeux le meilleur élevage du pays.
Surtout, ces pique-niques en forêt ne sauraient se passer du délicieux chili de thon aux haricots rouges, repas que l'on conclura en toute légèreté sur une salade de fruits frais... Sans oublier que sous ces chaleurs tropicales, il fait bon se désaltérer avec un punch cajou !

Au milieu de la nature, dans une cathédrale de verdure, Sylvie, les pieds dans l'eau, jette son œil d'expert sur la braise.

les aromates

1

2

3

4

LA CIVE (page de gauche et ci-dessus, 2). De la même famille que la ciboulette, la cive est l'une des plantes aromatiques typiques de la cuisine antillaise. Blanche ou bien rouge lorsqu'elle est cultivée à Marie-Galante, elle se vend par bouquets, souvent accompagnée de quelques branches de persil plat et de thym frais. Coupées très finement, les cives sont l'un des ingrédients de base de la sauce chien (voir recette page 55).

LE BOIS D'INDE (ci-dessus, 1). Le bois d'Inde – ou poivre de la Jamaïque – peut s'utiliser en baies, en écorces ou en feuilles. Lorsqu'on froisse ces dernières entre les doigts, elles dégagent un parfum subtil de clou de girofle, de gingembre, de muscade, de cannelle et parfois même de citron. Cette incroyable palette de saveurs fait du bois d'Inde l'un des aromates les plus utilisés pour agrémenter les plats de viandes ou de poissons.

LE GROS THYM (ci-dessus, 3). Cousin germain de celui que l'on trouve en Europe sur le pourtour méditerranéen, le gros thym pousse très facilement en Guadeloupe. Ses feuilles, d'un beau vert tendre, sont épaisses et veloutées. En cuisine, elles donnent un agréable goût citronné, dans un court-bouillon de poissons par exemple.

LA CITRONNELLE (ci-dessus, 4). En Guadeloupe, on trouve de la citronnelle pratiquement dans tous les jardins, sous forme de grandes touffes d'herbes. Outre son utilisation très fréquente en cuisine, elle a aussi le mérite de préserver les habitations des moustiques grâce à son odeur qui les fait fuir. On lui prête aussi des vertus thérapeutiques : en infusion, elle favorise la digestion (voir recette page 39).

POUR 4 PERSONNES / PRÉPARATION 5 MIN / MACÉRATION 1 H

Punch *cajou*

120 g de pommes cajou
le jus de 1 citron vert
1 cuil. à soupe de sucre de canne
1 gousse de vanille
1 bâton de cannelle
rhum blanc

• Coupez les pommes cajou en morceaux dans un saladier. Ajoutez le jus de citron vert, 1 bonne cuil. à soupe de sucre de canne, une gousse de vanille et un petit peu de cannelle. Laissez macérer 1 h. Pour déguster, versez dans un verre une cuil. à soupe du mélange et allongez avec du rhum blanc.

POUR 1 PERSONNE / PRÉPARATION 3 MIN / MACÉRATION 1 H

Punch *maracudja*

1 maracudja (fruit de la passion)
1 cuil. à café de sucre de canne
1 quartier de citron vert
rhum blanc

• Ouvrez un maracudja (fruit de la passion), prélevez sa pulpe et mettez-la dans un verre avec une cuil. à café de sucre de canne. Ajoutez un quartier de citron vert et écrasez bien le tout afin que le sucre devienne transparent. Ajoutez une dose de rhum blanc et servez.

POUR 4 PERSONNES / PRÉPARATION 30 MIN / CUISSON 35 MIN

Boudins grillés *et ti'concombres-pays*

8 boudins antillais
8 ti'concombres-pays
2 cuil. à soupe d'huile d'olive
2 gousses d'ail
2 branchettes de thym
1/2 bouquet de persil
1 piment végétalien
4 cives
le jus de 1 citron vert
sel, poivre du moulin

VINAIGRETTE DE CHOU

1/2 chou vert
1 piment antillais
4 cives
1 bouquet de persil plat
2 cuil. à soupe de vinaigre de canne
4 cuil. à soupe d'huile d'arachide
sel

PRÉPAREZ LA VINAIGRETTE DE CHOU

• Lavez et râpez le chou, épépinez et pilez le piment. Mélangez-les aux cives et au persil finement hachés. Salez, ajoutez le vinaigre de canne, l'huile d'arachide et 2 cuil. à soupe d'eau. Réservez.

PRÉPAREZ LES TI' CONCOMBRES

• Brossez les ti'concombres et coupez-les en quatre dans le sens de la longueur. Faites-les revenir dans une casserole avec 2 cuil. à soupe d'huile d'olive, le thym émietté, l'ail, le persil, le piment et les cives hachés. Salez, poivrez, mouillez d'un verre d'eau et laissez cuire 25 min. Ensuite, ajoutez le jus du citron vert. Réservez au chaud.

• Enfilez les boudins sur des piques à brochettes en bois dans le sens de la longueur et faites-les griller doucement sur la braise ou sous le gril du four. Servez avec les ti'concombres et la vinaigrette de chou.

POUR 4 PERSONNES / PRÉPARATION 5 MIN / CUISSON 15 MIN

Sandwichs aux œufs brouillés *et au marlin fumé*

8 œufs bien frais
2 tranches de marlin fumé
4 cuil. à soupe de crème
1 noix de beurre
4 petits pains ronds bien croustillants
2 cives
sel, poivre du moulin

- Allumez le gril du four. Cassez les œufs dans une casserole et faites-les cuire au bain-marie. Salez, poivrez. Sans cesser de remuer, ajoutez la crème fraîche aux trois quarts de la cuisson. Ajoutez une noix de beurre. Réservez au chaud.

- Passez les petits pains coupés en deux sous le gril, puis répartissez dessus les œufs brouillés. Parsemez de cives finement hachées, déposez les tranches de marlin fumé sur les œufs et refermez les petits pains. Servez immédiatement.

le conseil de Sylvie

Aux trois quarts de la cuisson des œufs, ajoutez un jaune d'œuf supplémentaire pour les rendre encore plus onctueux.

POUR 4 PERSONNES / PRÉPARATION 15 MIN / CUISSON 40 MIN

Patates douces *et crème de cives*

8 patates douces
100 g de beurre en pommade
8 cives
sel, poivre du moulin

- Brossez les patates douces sous l'eau froide pour en enlever toute la terre, puis emballez-les dans des feuilles de papier d'aluminium. Mettez-les à cuire sous la braise pendant 40 min.
- Battez vigoureusement le beurre avec les cives finement hachées, salez et poivrez. Servez sur les patates douces chaudes.

POUR 4 PERSONNES / PRÉPARATION 10 MIN / CUISSON 40 MIN

Minute *de fruit à pain*

1 fruit à pain
2 branchettes de thym
6 cives
15 cl de crème fleurette
20 g de beurre demi-sel
sel, poivre du moulin

- Épluchez le fruit à pain et sectionnez le trognon. Coupez-le en morceaux et mettez-le dans une marmite. Couvrez d'eau salée et laissez cuire pendant 40 min environ, jusqu'à ce que la chair soit tendre.
- Égouttez le fruit à pain, puis transférez-le dans un saladier avec le beurre et la crème. Salez et poivrez. Écrasez grossièrement la chair à la fourchette, puis ajoutez les cives finement ciselées et le thym émietté. Mélangez rapidement et servez aussitôt.

les conseils de Sylvie

J'aime faire gratiner cette préparation au four, avec un peu de gruyère et de muscade.
Réalisez la même recette avec des patates douces ou des ignames jaunes.

POUR 4 PERSONNES / PRÉPARATION 30 MIN / CUISSON 2 H 30 / TREMPAGE 24 H / MACÉRATION 30 MIN

Chili *de thon*

- 800 g de thon
- 500 g de haricots rouges
- 5 gousses d'ail
- 5 cuil. à soupe d'huile d'olive
- 4 cives
- 4 branchettes de thym
- 2 cuil. à soupe de chili en poudre
- 1 carotte
- 1 poivron rouge
- 1 oignon rouge
- 2 oignons
- 3 cuil. à soupe de concentré de tomate
- 2 pincées de piment de Cayenne
- 1 litre de fumet de poisson
- sel, poivre du moulin

• La veille, faites tremper les haricots rouges dans un faitout avec 3 l d'eau, en changeant l'eau plusieurs fois. Ou mettez les haricots dans une gamelle d'eau froide, amenez à ébullition puis rincez les haricots : ils sont prêts pour la cuisson.

• Le jour même, faites revenir 3 gousses d'ail écrasées dans 2 cuil. à soupe d'huile d'olive avec les cives finement coupées et le thym émietté. Ajoutez les haricots égouttés, couvrez d'eau froide et laissez cuire pendant 30 min environ, jusqu'à ce que les haricots soient à demi cuits.

• Coupez le thon en gros dés. Mixez ensemble la carotte, le poivron et l'oignon rouge. Ajoutez le chili en poudre et mélangez. Roulez les morceaux de thon dans la purée de légumes. Disposez le poisson dans un plat avec 3 cuil. à soupe d'huile d'olive et laissez mariner au frais pendant 30 min. Dans une cocotte en fonte allant au four, faites revenir les oignons hachés et 2 gousses d'ail écrasées avec 2 cuil. à soupe d'huile prélevée à la marinade. Ajoutez le thon, laissez-le dorer quelques instants, puis versez le concentré de tomate, le piment de Cayenne et le fumet de poisson. Rectifiez l'assaisonnement, couvrez et laissez mijoter sur feu doux pendant 30 min. Ajoutez les haricots égouttés et laissez cuire doucement à couvert 30 min supplémentaires.

• Préchauffez le four (th. 6/180 °C). Glissez la cocotte dans le four et laissez cuire le chili pendant 1 h 30. Servez chaud.

le conseil de Sylvie

Je sers ce chili avec des bananes légumes (voir recette page 28), histoire d'éteindre un peu le feu des épices et des piments !

POUR 4 PERSONNES / PRÉPARATION 20 MIN / CUISSON 45 MIN

Riz au lait
et compote d'abricots-pays

COMPOTE

- 8 abricots-pays
- 1 cuil. à soupe de sucre de canne
- le jus de 1 citron vert
- 2 pincées de cannelle en poudre
- 1 gousse de vanille
- 1 noisette de beurre demi-sel

RIZ AU LAIT

- 7 cuil. à soupe de riz rond à risotto
- 50 cl de lait entier
- 50 cl de lait de coco non sucré
- 30 g de sucre de canne
- 1 gousse de vanille

PRÉPAREZ LA COMPOTE

• Épluchez les abricots en prenant bien soin d'ôter la pellicule jaune qui donnerait un goût âpre à la compote. Coupez les fruits en morceaux et mettez-les dans une casserole à fond épais avec un demi-verre d'eau. Ajoutez le sucre de canne et le jus de citron vert, la cannelle en poudre et la gousse de vanille fendue en deux dans la longueur. Laissez cuire doucement pendant 30 min. Retirez la gousse de vanille, écrasez les abricots avec une fourchette et ajoutez la noisette de beurre demi-sel.

PRÉPAREZ LE RIZ AU LAIT

• Faites crever le riz dans de l'eau bouillante salée pendant 5 min, puis égouttez-le, versez-le dans une grande casserole avec le lait entier, le lait de coco et le sucre de canne. Ajoutez la gousse de vanille et laissez cuire à feu doux pendant 15 min. Servez avec la compote d'abricots.

le conseil de Sylvie

Pour varier les plaisirs, préparez cette compote avec des prunes, des abricots ou des ananas.

POUR 10 PERSONNES / PRÉPARATION 30 MIN / RÉFRIGÉRATION 1 H

Salade *de fruits frais*

- 1 ananas
- 1 papaye bien mûre
- 4 mangues
- 1 quartier de pastèque
- 4 maracudjas
- 4 caramboles
- 1 grenade
- 4 pamplemousses roses
- 1/2 noix de coco
- 1 cuil. à soupe d'extrait de vanille
- 1 cuil. à café d'extrait de café
- 3 cuil. à soupe de sucre de canne
- le jus de 2 citrons verts
- 1 petit verre de rhum vieux

• Épluchez l'ananas, la papaye, les mangues et la pastèque. Coupez-les en dés dans un grand saladier. Prélevez la pulpe des maracudjas et coupez les caramboles en tranches. Ouvrez la grenade en deux et épépinez-la. Pelez les pamplemousses à vif, prélevez délicatement les quartiers. Râpez la chair de la noix de coco.

• Mélangez tous les fruits, sauf les pamplemousses, dans un grand saladier. Ajoutez une cuil. à soupe d'extrait de vanille, une cuil. à café d'extrait de café, le sucre de canne, le jus de citron vert et 1 petit verre de rhum vieux. Mélangez à nouveau et réservez au frais pendant 1 h.

• Ajoutez les quartiers de pamplemousse au tout dernier moment. Servez bien frais.

le conseil de Sylvie

Au moment de servir, saupoudrez les fruits d'une pincée de poivre de Sichuan.

Brochettes de thazard aux agrumes

POUR 4 PERSONNES
PRÉPARATION 15 MIN
CUISSON 5 MIN
RÉFRIGÉRATION 1 H

1 filet de thazard de 800 g environ
2 citrons verts
2 oranges non traitées
3 cuil. à soupe d'huile d'olive
1 cuil. à soupe de baies roses
sel, poivre du moulin

• Lavez et essuyez les citrons verts et les oranges. Prélevez le zeste d'un des citrons verts. Coupez le filet de thazard en 12 cubes et mettez-les à mariner au réfrigérateur pendant 1 h dans un plat creux avec l'huile d'olive, le zeste de citron et les baies roses.

• Préchauffez le gril du four. Coupez les citrons et les oranges en rondelles de 5 mm d'épaisseur. Enfilez en alternant sur des piques à brochettes les cubes de thazard et les rondelles d'agrumes, en comptant 3 cubes de poisson par brochette. Salez, poivrez. Passez les brochettes sous le gril pendant 5 min en les retournant de temps en temps. La chair du thazard ne doit pas trop cuire pour ne pas se dessécher.

Tarte aux piments végétaliens

POUR 4 PERSONNES
PRÉPARATION 20 MIN
CUISSON 45 MIN
REPOS 30 MIN

10 piments végétaliens
6 cives
1 branchette de thym
5 œufs
50 cl de lait
250 g de crème fraîche épaisse
100 g d'emmenthal râpé
2 pincées de noix muscade
8 feuilles de basilic
sel, poivre du moulin

PÂTE BRISÉE

200 g de farine
100 g de beurre ramolli
1 pincée de sel

• Préparez la pâte brisée. Mélangez la farine avec le beurre ramolli, le sel et 1/2 verre d'eau. Quand la pâte est homogène (ne la travaillez pas trop), roulez-la en boule. Laissez reposer pendant 30 min au réfrigérateur.

• Pendant ce temps, poêlez les piments végétaliens entiers avec les cives grossièrement hachées et le thym émietté.

• Préchauffez le four (th. 6/180 °C). Abaissez la pâte brisée sur le plan de travail fariné, puis foncez un moule à tarte de cette pâte. Posez dessus une feuille de papier sulfurisé, lestez avec des haricots secs et glissez le moule au four. Laissez cuire « à blanc » pendant 15 min. Retirez les haricots secs.

• Cassez les œufs dans un saladier, salez, poivrez. Ajoutez le lait, la crème fraîche, l'emmenthal râpé et 2 pincées de noix muscade. Incorporez les piments, versez cette préparation sur le fond de pâte et remettez au four 20 min environ. Parsemez de basilic finement ciselé avant de servir.

le conseil de Sylvie

Vous pouvez décliner cette recette en ajoutant de la morue à la préparation.

Gratin de giraumon

POUR 4 PERSONNES
PRÉPARATION 10 MIN
CUISSON 35 MIN

400 g de giraumon
4 cives
2 gousses d'ail
2 cuil. à soupe de farine de manioc
3 cuil. à soupe de crème fleurette
150 g de gruyère râpé
20 g de beurre
sel, poivre du moulin

- Préchauffez le four (th. 6/180 °C). Épluchez la courge giraumon et faites-la cuire à la vapeur pendant 10 min. Sa chair doit rester ferme. Écrasez-la à la fourchette, puis ajoutez les cives grossièrement hachées, l'ail émincé, la farine de manioc, la crème fleurette. Salez et poivrez, puis ajoutez le gruyère râpé.

- Beurrez un plat à gratin, puis versez-y le mélange de courge. Glissez dans le four chaud et laissez cuire pendant 25 min environ.

Bricks de ouassous au beurre d'ail

POUR 4 PERSONNES
PRÉPARATION 20 MIN
CUISSON 8 MIN

16 ouassous

2 courgettes

2 tomates

2 cuil. à soupe d'huile d'olive

8 feuilles de brick

sel, poivre du moulin

BEURRE D'AIL

150 g de beurre ramolli

4 gousses d'ail

1/2 bouquet de persil plat

1 trait de pastis

sel, poivre du moulin

- Décortiquez les ouassous en ne gardant que les queues ; ôtez le boyau. Travaillez le beurre en pommade, puis ajoutez l'ail écrasé, le persil haché, un trait de pastis, salez et poivrez. Réservez au frais.

- Dans une poêle, faites revenir sur feu moyen pendant 3 min les courgettes coupées en petits dés avec 2 cuil. à soupe d'huile ; salez et poivrez. Concassez les tomates fraîches préalablement pelées et épépinées.

- Préchauffez le four (th. 7/210 °C). Répartissez au centre des feuilles de brick les courgettes et les dés de tomates, posez dessus deux queues d'ouassous, salez, poivrez et ajoutez une belle noix de beurre d'ail. Repliez les feuilles de brick et passez-les au four pendant 4 à 5 min, jusqu'à ce qu'elles soient bien dorées.

le conseil de Sylvie

Vous pouvez remplacer les ouassous par des gambas.

goûter

sur le ponton

Pour Dimitri, l'étroit ponton qui forme saillie sur le petit port de Deshaies représente un lieu de récréation. Lui et ses copains s'y retrouvent chaque jour après les cours, bavardent gaillardement assis sur le rebord, se mesurent au concours de plongeon, ou observent les pêcheurs en sirotant un snow ball, cône de glace arrosé de sirop de fruits que les enfants enfilent dans un gobelet de plastique, à la manière d'un Mr. Freeze.

Tandis que le soir tombe, ils restent jouer tard pour profiter des meilleures températures de la journée. Aussi, le goûter sur le port se fait-il rapidement en-cas, et l'on ne s'étonnera pas de voir les petites *lunch-box* en fer blanc s'ouvrir sur de véritables casse-croûte, sobres mais jamais timorés. Aujourd'hui, Dimitri s'est régalé d'une tartine de marlin à la crème de cives suivie d'une belle part de gâteau au chocolat et à la banane, le tout arrosé d'un délicieux jus de goyave fraîche. Mais il aurait aussi bien pu trouver une tartine de ouassous à la tomate, tant Sylvie se plaît à le surprendre et surtout à lui faire plaisir.

Après ce repas léger, la soirée se poursuivra entre pêche au bord du ponton et flânerie au gré des vagues, soutenu par une planche de fortune…

Concours de plongeon et parties de pêche entre
les barques multicolores du petit port de Deshaies.

quenettes et maracudjas

1 2 3 4

LA QUENETTE (page de gauche). Fruit vert à peine plus gros qu'une olive, la quenette se caractérise par sa peau épaisse comme une écorce. Il faut donc éclater le fruit (en le croquant à pleines dents par exemple) avant de pouvoir recueillir la pulpe sucrée et acidulée qui entoure son noyau. Un délice !

LA POMME MARACUDJA (ci-dessus, 1 et 3). Liane de la famille des passiflores, la maracudja pousse presque toute l'année dans les jardins, mais aussi à l'état sauvage dans les forêts. Son fruit, appelé également « fruit de la passion », se présente comme une petite pomme à la peau brillante et lisse, jaune ou rouge suivant la variété. Il renferme une pulpe jaune orangé (avec de petites graines noires) très parfumée et acide, délicieuse dans un punch avec un jus de citron vert (voir recette page 76), en sorbet, en sauce…

LA POMME LIANE (ci-dessus, 2 et 4). La pomme liane est une variété rare de passiflore, qui commence à réapparaître peu à peu dans les jardins. Elle se distingue de la pomme maracudja par sa forme allongée, sa peau duveteuse et molle, sa chair blanche et son goût doux si particulier. La pomme liane se révèle idéale pour agrémenter un punch.

POUR 4 PERSONNES / PRÉPARATION 15 MIN / CUISSON 2 À 3 MIN

Tartines de ouassous *à la tomate*

16 ouassous
2 gousses d'ail
1 baguette
2 tomates
huile d'olive
fleur de sel
piment de cayenne
4 cives
sel, poivre du moulin

- Préchauffez le gril du four. Décortiquez les ouassous et retirez leur boyau noir. Pelez les gousses d'ail. Coupez la baguette en quatre parties égales et fendez-les en deux. Frottez la mie du pain avec l'ail. Ébouillantez et pelez les tomates, épépinez-les et concassez leur chair. Salez et poivrez. Répartissez la concassée de tomates sur les tranches de pain.

- Ouvrez les ouassous et répartissez-les deux par deux sur le pain. Arrosez d'un filet d'huile d'olive, parsemez de fleur de sel et passez sous le gril pendant 2 à 3 min, jusqu'à ce que le pain soit doré. Hors du four, parsemez de cives hachées, d'une pincée de piment de Cayenne et servez aussitôt.

le conseil de Sylvie

Vous pouvez réaliser la même recette avec des gambas et ajouter quelques tranches d'avocat.

POUR 4 PERSONNES / PRÉPARATION 15 MIN

Tartines de marlin fumé *et crème de cives*

8 tranches de marlin fumé
20 cl de crème fleurette très froide
le jus de 1 citron vert
8 cives
8 belles tranches de pain de campagne
sel, poivre du moulin

- Fouettez la crème bien froide à l'aide d'un fouet électrique. Lorsqu'elle est bien montée, sans être prise en chantilly, ajoutez le jus de citron vert et les cives finement hachées. Salez et poivrez.

- Faites griller les tranches de pain, tartinez-les de crème de cives et déposez dessus des tranches de marlin fumé. Donnez un dernier tour de moulin à poivre et servez aussitôt.

le conseil de Sylvie

Cette recette est excellente accompagnée d'un verre de chablis.

POUR 4 PERSONNES / PRÉPARATION 20 MIN / CUISSON 10 MIN

Sandwich *thon-mayonnaise*

1 belle tranche de thon
« z'aile jaune » de 300 g environ
2 œufs
4 cives
4 petits pains de campagne ronds
4 feuilles de salade verte

MAYONNAISE

1 jaune d'œuf extra-frais
1 cuil. à café de moutarde forte
20 cl d'huile d'arachide
le jus de 1 citron vert
sel, poivre du moulin

PRÉPAREZ LE THON

- Préchauffez le gril du four. Faites durcir les œufs et écalez-les aussitôt sous un filet d'eau froide. Faites griller le thon pendant 5 min de chaque côté. Laissez refroidir.

PRÉPAREZ LA MAYONNAISE

- Mettez dans un bol le jaune d'œuf et la moutarde, salez et poivrez. Mélangez et laissez reposer pendant 5 min. Versez petit à petit l'huile en filet, en mélangeant doucement. Ajoutez le jus de citron vert.

- Émiettez le thon et mélangez-le à la mayonnaise. Ajoutez les cives finement hachées et les œufs durs coupés en morceaux. Rectifiez l'assaisonnement. Ouvrez les petits pains en deux. Garnissez chacun d'entre eux d'une feuille de salade et répartissez le thon-mayonnaise. Refermez les petits pains et servez aussitôt.

Jus de fruits

JUS DE GOYAVE
POUR 4 PERSONNES
PRÉPARATION 15 MIN
RÉFRIGÉRATION 1 H

1 kg de goyaves

1 gousse de vanille

1 cuil. à soupe de sirop de sucre de canne

le jus de 1 citron vert

JUS DE MARACUDJA
POUR 8 PERSONNES
PRÉPARATION 20 MIN
RÉFRIGÉRATION 1 H

1 kg de maracudjas (fruits de la passion)

1 cuil. à soupe de sirop de sucre de canne

le zeste de 1 citron vert

2 l d'eau

JUS D'ANANAS
POUR 4 PERSONNES
PRÉPARATION 20 MIN
RÉFRIGÉRATION 1 H

2 gros ananas

1 gousse de vanille

1 cuil. à soupe de sirop de sucre de canne

1 bâton de cannelle

1 l d'eau

CITRONNADE
POUR 4 PERSONNES
PRÉPARATION 15 MIN

6 citrons verts

2 cuil. à soupe de sirop de sucre de canne

JUS DE GOYAVE

• Épluchez les goyaves et passez leur chair à la centrifugeuse. Fendez la gousse de vanille dans la longueur et prélevez les graines avec la pointe d'un couteau. Mélangez la purée de goyave, les graines de vanille, le sirop de sucre de canne et le jus de citron. Ajoutez 1/2 l d'eau froide. Réservez 1 h au réfrigérateur avant de servir.

JUS DE MARACUDJA

• Coupez les maracudjas en deux, prélevez la pulpe et mettez-la dans le bol d'un mixeur. Réduisez-la en purée, puis filtrez-la à travers un chinois. Ajoutez le sirop de sucre de canne, le zeste de citron vert et 2 l d'eau. Réservez au réfrigérateur pendant 1 h avant de servir.

JUS D'ANANAS

• Épluchez les ananas, retirez les cœurs et passez la chair au mixeur. Fendez la gousse de vanille dans la longueur et prélevez les graines avec la pointe d'un couteau. Mélangez-les au jus d'ananas avec le sirop de sucre de canne et le bâton de cannelle. Ajoutez 1 l d'eau et réservez au réfrigérateur pendant 1 h avant de servir.

CITRONNADE À L'ANCIENNE

• Mélangez le jus de 5 citrons verts avec le sirop de sucre de canne. Ajoutez 1,5 l d'eau. Lavez soigneusement la peau du citron restant et coupez-le en fines rondelles. Ajoutez-les à la citronnade avec 10 glaçons et servez aussitôt.

les conseils de Sylvie

Jus de goyave : pour plus d'onctuosité et de goût, préférez les goyaves roses et bien mûres, et remplacez l'eau par du lait de coco.

Jus de maracudja : ajoutez une touche exotique à ce jus en y grattant une gousse de vanille.

Jus d'ananas : les ananas Victoria donneront plus de jus que l'ananas bouteille, mais ce dernier sera plus parfumé.

Citronnade : pour une bonne limonade, suivez la même recette en utilisant de l'eau gazeuse.

POUR 4 PERSONNES / PRÉPARATION 20 MIN / CUISSON 30 MIN

Gâteau *chocolat-bananes*

POUR LE GÂTEAU

250 g de farine
250 g de sucre en poudre
250 g de beurre ramolli
5 œufs
5 cuil. à soupe de cacao en poudre
25 ml d'eau
25 ml de rhum vieux
1 bouchon d'extrait de café
3 pincées de levure chimique

POUR LA GARNITURE

20 cl de crème liquide entière
2 bananes bien mûres
1 cuil. à café d'essence de vanille
le jus de 1 citron vert
1 cuil. à café de sucre de canne

PRÉPAREZ LE GÂTEAU

- Préchauffez le four (th. 6/180 °C). Mettez tous les ingrédients dans un saladier, battez-les jusqu'à ce que le mélange soit crémeux. Versez dans un moule à manqué beurré et fariné et laissez cuire pendant 20 min. Démoulez et laissez refroidir sur une grille à pâtisserie.

PRÉPAREZ LA CRÈME

- Montez la crème liquide en chantilly ferme. Épluchez les deux bananes, mixez-les avec l'essence de vanille, le jus de citron vert et une cuil. à café de sucre de canne. Mélangez délicatement les bananes avec la crème chantilly. Coupez le gâteau en deux dans l'épaisseur et fourrez-le avec la crème de banane.

POUR 4 PERSONNES / PRÉPARATION 20 MIN / CUISSON 25 À 30 MIN

Crumble à la mangue

1 kg de mangues juste mûres
le jus de 1 citron vert
1 gousse de vanille
5 graines de cardamome (facultatif)

POUR LA PÂTE

150 g de farine
100 g de beurre
60 g de noix de coco râpée
120 g de sucre de canne
le zeste de 1 citron vert

- Préchauffez le four (th. 6/180 °C). Dans un saladier, mélangez avec les doigts la farine, le beurre en pommade, la noix de coco râpée, le sucre et le zeste de citron vert. Vous devez obtenir une pâte sableuse.

- Pelez les mangues et coupez-les en morceaux dans un saladier. Ajoutez le jus de citron vert, grattez l'intérieur de la gousse de vanille et des graines de cardamome pour recueillir les grains et mélangez bien.

- Beurrez un plat allant au four et versez dedans le mélange à la mangue. Recouvrez avec la pâte et glissez le plat dans le four. Laissez cuire 25 à 30 min.

le conseil de Sylvie

Réalisez cette même recette en remplaçant la mangue par de la goyave ou des abricots-pays.

Boulettes de dorade et vinaigrette de mangue

POUR 4 PERSONNES
PRÉPARATION 20 MIN
CUISSON 5 MIN

500 g de filets de dorade
1/2 noix de coco
les zestes de 2 citrons verts
5 piments végétaliens
1 petit bouquet de cives
1 pincée de piment de Cayenne en poudre
2 cuil. à soupe de farine de manioc
1 œuf
1 l d'huile de pépins de raisin
sel, poivre

VINAIGRETTE DE MANGUES

2 mangues julies
1 piment de Cayenne
10 cl de vinaigre d'alcool de canne
4 cuil. à soupe d'huile de tournesol
1/2 bouquet de coriandre fraîche
sel

PRÉPAREZ LA VINAIGRETTE

- Épluchez les mangues, prélevez leur chair et mettez-la dans le bol d'un mixeur avec une pincée de piment de Cayenne en poudre, le vinaigre et 2 cuil. à soupe d'eau. Actionnez l'appareil et réduisez le mélange en purée fine. Salez, ajoutez 4 cuil. à soupe d'huile et montez la vinaigrette en faisant de nouveau tourner le mixeur. Ajoutez la coriandre finement ciselée. Réservez au frais.

PRÉPAREZ LES BOULETTES

- Préchauffez le four (th. 8/240 °C). Râpez la noix de coco et étalez- la sur une plaque à pâtisserie. Glissez la plaque dans le four et laissez sécher la noix de coco râpée en la remuant de temps en temps.

- Coupez les filets de dorade en petits dés. Mettez-les dans un saladier avec les zestes de citron vert, les piments végétaliens émincés, les cives et le piment de Cayenne finement hachés, la farine de manioc et l'œuf. Salez et poivrez. Formez des boulettes que vous roulerez dans la noix de coco râpée.

- Chauffez l'huile de pépins de raisin à 180 °C. Faites frire les boulettes et égouttez-les sur du papier absorbant. Nappez-les de la vinaigrette de mangue pour servir.

le conseil de Sylvie

J'aime parsemer ces boulettes de raisins secs. Leur saveur sucrée accentue les arômes de la mangue et se marie parfaitement avec la dorade.

Snow ball

POUR 1 PERSONNE
PRÉPARATION 5 MIN

1 pain de glace
sirop de menthe, de grenadine,
de fraise, d'ananas,
ou de groseille-pays

- Grattez la glace avec les dents d'une fourchette et mettez la glace pilée recueillie dans deux gobelets en plastique. Versez une bonne quantité de sirop sur la glace dans l'un des gobelets et renversez celui-ci sur le second. Dégustez avec une paille.

Beignets d'ananas, sauce citron vert

POUR 4 PERSONNES
PRÉPARATION 30 MIN
CUISSON 4 À 5 MIN

1 gros ananas mûr
le jus de 1 citron vert
15 cl de crème fleurette très froide
1 l d'huile (arachide, pépins de raisin)

PÂTE À BEIGNETS

200 g de farine
1 cuil. à café de sucre de canne
2 pincées de bicarbonate de soude
1 cuil. à café de poivre de Sichuan
1 œuf
30 cl d'eau
sel

CRÈME ANGLAISE

1/2 l de lait entier
1 gousse de vanille
5 jaunes d'œufs
75 g de sucre en poudre
le zeste de 1 citron vert

• Une heure avant de réaliser la pâte à beignets, mettez tous les ingrédients au frais. Préparez la pâte à beignets. Mélangez la farine, le sucre, le bicarbonate de soude, le poivre de Sichuan et l'œuf. Salez légèrement. Ajoutez l'eau d'un seul coup, mélangez rapidement au fouet sans chercher à obtenir une consistance homogène (il peut rester quelques grumeaux). Réservez au frais.

• Pendant ce temps, préparez la crème anglaise. Faites bouillir le lait avec la gousse de vanille fendue en deux dans la longueur. Battez les jaunes d'œufs et le sucre dans un saladier jusqu'à ce que le mélange blanchisse et double de volume. Versez dessus le lait bouillant, sans cesser de fouetter, et remettez le tout dans la casserole. Faites épaissir sur feu doux sans laisser bouillir, en remuant avec une cuillère en bois. La crème anglaise est prête lorsqu'elle nappe la cuillère. Versez-la aussitôt dans un saladier pour arrêter la cuisson. Ajoutez le zeste de citron vert. Laissez refroidir.

• Fouettez la crème fleurette très froide en chantilly et ajoutez-la à la crème anglaise refroidie. Réservez au frais.

• Pelez l'ananas et coupez-le en rondelles. Recoupez ces dernières en 4 morceaux. Aspergez-les de jus de citron vert. Faites chauffer l'huile à 180 °C dans une bassine à friture. Trempez les morceaux d'ananas dans la pâte et plongez-les aussitôt dans l'huile chaude. Laissez dorer les beignets en les retournant pendant la cuisson. Égouttez-les sur du papier absorbant et servez avec la crème au citron vert.

Confiture de pommes cajou, vanille et cannelle

POUR 4 POTS
PRÉPARATION 20 MIN
CUISSON 10 MIN
MACÉRATION 4 H

2 kg de pommes cajou
1,8 kg de sucre de canne
1 bâton de cannelle
1 gousse de vanille
le jus de 2 citrons verts

• Coupez les pommes en petits morceaux, mettez-les dans un cul-de-poule et laissez-les macérer une matinée au frais. Ensuite, mettez-les dans un chinois pour éliminer le liquide rendu. Faites cuire les morceaux de pommes sur le feu avec la cannelle, la vanille, le jus de citron vert et le sucre 10 min.

Confiture d'ananas et melon

POUR 4 POTS
PRÉPARATION 15 MIN
CUISSON 10 MIN

1 kg d'ananas
2 kg de melon
le jus de 2 citrons
2 gousses de vanille
1 bâton de cannelle
2,5 kg de sucre de canne

• Écorcez les fruits et coupez-les en morceaux, sans oublier de retirer le cœur de l'ananas. Faites-les cuire pendant 10 min avec le sucre, le jus de citron, la cannelle et la vanille. Vérifiez la cuisson en déposant un peu de confiture sur une soucoupe préalablement placée au réfrigérateur : elle doit rester figée.

le conseil de Sylvie

Pour un parfum plus subtil et moins doux, j'ajoute une petite pincée de poivre de Sichuan moulu au moment de la cuisson.

déjeuner chic
sur l'îlet blanc

C'est un peu l'archipel des Galápagos sous des latitudes françaises… Situé au cœur de la réserve naturelle du Grand Cul-de-Sac Marin, ce site protégé est connu pour abriter une espèce rare d'oiseaux marins, la sterne, visiblement séduite par son extrême isolement. En effet, le curieux volatile a la réputation de faire montre d'une timidité maladive, aussi l'accès à la zone est-il formellement interdit entre les mois de mai et de septembre, afin de le préserver des intrusions au moment de la période de reproduction…

Très tôt le matin, un zodiac appareillé depuis le port de Sainte-Rose vous a fait glisser parmi les eaux diaphanes de la mer des Antilles vers ce chapelet d'îlots ourlé de cocotiers et bordé de plages à la blancheur de rêve. Lentement, on a tendu une table sur ce confetti de sable, et à son tour le déjeuner a donné le ton d'une élégante halieutique aux airs de tartare de dorade tout juste sortie de l'eau, de carpaccio de marlin fumé et de morues effeuillées avec leur poêlée de gombos. Pour continuer à filer la métaphore, l'océan a donné cette magnifique langouste grillée préparée avec une sauce maracudja. Vous avez conclu sur une île flottante à la noix de coco et un mojito à la menthe fraîche, au spectacle du ciel embrasé sur l'horizon mandarine.

Balade en mer, farniente et sable fin sur un confetti perdu
au milieu des eaux cristallines, paradis des animaux marins. Le rêve !!!

cacao, vanille et fruits

1

2

3

L'ABRICOT-PAYS (page de gauche, en haut à gauche). On le récolte de janvier à mars, sur de grands et beaux arbres. Pour découvrir sa chair fondante et sucrée, excellente crue, en compote ou en confiture, il faut d'abord enlever son épaisse écorce grise.

LA POMME CAJOU (page de gauche, en bas à droite). Fruit de l'anacardier, au goût très prononcé, la pomme cajou est riche en phosphore ainsi qu'en vitamines A et C. Juteuse, elle désaltère lorsqu'il fait chaud. C'est à son extrémité que pousse la noix de cajou.

LA NOIX DE CAJOU (page de gauche, en bas à droite). Les noix de cajou sont récoltées à la main, avec beaucoup de précaution, car le liquide que renferment leurs coquilles est très toxique. Elles doivent être grillées avant d'être consommées.

LA VANILLE (page de gauche et ci-dessus, 1). Autrefois, Deshaies était réputé pour sa production de vanille. À présent, peu de personnes la cultivent encore car elle exige beaucoup de soins. Les vanilliers poussent le long des arbres des forêts. Ils peuvent atteindre 9 m de haut.

BÂTON DE CACAO (ci-dessus, 1). Très répandus sur les marchés, ces bâtons sont fabriqués à partir de fèves de cacao fermentées, séchées et torréfiées. En les râpant avec du lait chaud, de la cannelle et de la vanille, on obtient une boisson délicieuse.

LE COROSSOL (ci-dessus, 2). Il peut peser jusqu'à trois kilos ! Sa chair blanche, pulpeuse, contient des pépins noirs. Son jus sucré se boit allongé avec de l'eau, agrémenté d'une rondelle de citron. Il est également possible de l'utiliser pour réaliser des sorbets.

LA FRAMBOISE (ci-dessus, 3). Ce petit fruit en forme de poire, rose ou blanc, pousse par grappes. Très rafraîchissante, au goût acidulé et légèrement poivré, la framboise peut se déguster au vinaigre (comme en Inde), en sirop ou confite.

POUR 1 PERSONNE / PRÉPARATION 5 MIN

Punch *coco*

- 1 noix de coco fraîche (verte)
- 1 cuil. à soupe de sucre de canne
- 1 trait de rhum
- glace pilée

• Sabrez la noix de coco en conservant le liquide. Écrasez la pulpe avec 1 cuil. à soupe de sucre de canne à l'aide d'une cuillère à long manche. Ajoutez un peu de rhum et de la glace pilée. Mélangez bien et dégustez avec une paille.

le conseil de Sylvie

Vous pouvez aussi réaliser ce punch d'une façon plus... exotique ! Prenez une noix de coco et percez-y 2 trous. Versez dans la noix un trait de rhum. Rebouchez les 2 trous avec du papier d'aluminium et enrobez la noix de coco dans un torchon. Creusez un trou dans le sable de la plage (à défaut, dans la terre !) et déposez-y la noix. Recouvrez-la de sable. Il ne vous reste plus qu'à patienter un mois avant de déterrer la noix de coco, d'y glisser une paille et de savourer votre punch !

POUR 2 PERSONNES / PRÉPARATION 5 MIN

Cocktail Mango *de Matthieu*

- 3 belles mangues mûres à point
- 1 verre de lait de coco
- le jus de 1 citron vert
- 2 petits verres de rhum blanc
- 1 trait de sirop de canne
- 6 glaçons

• Épluchez les mangues et ôtez leur noyau. Mettez-les dans un blender avec tous les autres ingrédients, y compris les glaçons. Mixez le tout, puis servez.

POUR 1 PERSONNE / PRÉPARATION 5 MIN / MACÉRATION 1 H

Mojito

8 feuilles de menthe fraîche
1/2 citron vert
1 cuil. à café de sucre de canne
5 cl de rhum blanc
6 cl d'eau gazeuse
4 glaçons pilés

• Pilez la menthe avec le citron vert et le sucre. Laissez macérer pendant 1 h, ajoutez le rhum blanc, l'eau gazeuse et la glace pilée. Servez glacé dans de grands verres, avec une paille.

le conseil de Sylvie

Attention à ne pas trop en abuser, au risque de dormir sur place ! ! !

POUR 4,5 L DE PLANTEUR / PRÉPARATION 3 MIN

Planteur

1 l de jus d'orange
1 l de jus d'ananas
1,5 l de jus de goyave
le jus de 2 citrons verts
1/2 l de rhum blanc
1/2 l de rhum vieux
2 gousses de vanille
1 bâton de cannelle

• Mélangez tous les ingrédients. Servez glacé, avec une rondelle de citron vert et une tranche d'ananas.

POUR 4 PERSONNES / PRÉPARATION 15 MIN / CUISSON 3 MIN

Salade d'épinards-pays au curcuma frais

500 g d'épinards-pays
1 racine de curcuma
300 g de gombos
1 piment végétalien
le jus de 1 citron vert
4 cuil. à soupe d'huile d'olive
1 cuil. à café de sucre de canne
sel, poivre du moulin

- Effeuillez les épinards et rincez-les plusieurs fois. Épluchez le curcuma et râpez-le à l'aide d'une grille à gros trous. Lavez les gombos, puis plongez-les dans une casserole d'eau bouillante salée pendant 3 min (pas plus pour qu'ils restent croquants).

- Dans un grand saladier, mélangez les gombos et les feuilles d'épinards avec le curcuma râpé et le piment haché finement. Mélangez le jus de citron vert et l'huile d'olive, salez et poivrez, ajoutez une cuil. à café de sucre de canne, puis versez cette vinaigrette sur la salade. Servez bien frais.

le conseil de Sylvie

Je ne résiste pas au plaisir d'ajouter un peu d'ail à cette salade pour en accentuer les saveurs.

POUR 6 PERSONNES / PRÉPARATION 30 MIN / RÉFRIGÉRATION 30 MIN

Salade de papayes vertes *aux agrumes*

2 papayes vertes dont une un peu plus mûre
6 cives
2 oranges
2 pamplemousses
4 piments végétaliens verts
100 g de pousses d'épinard-pays
10 feuilles de basilic

VINAIGRETTE AUX AGRUMES

le jus de 2 oranges et leur zeste
le jus de 1 citron et son zeste
3 gousses d'ail
6 anchois à l'huile
1 pincée de piment de Cayenne en poudre
5 cuil. à soupe d'huile d'olive

PRÉPAREZ LA VINAIGRETTE

• Faites pocher pendant 30 secondes les zestes d'orange et de citron dans de l'eau chaude. Réservez. Pelez l'ail, retirez les germes et mettez-le dans le bol du mixeur avec les jus d'orange et de citron, les zestes, les anchois égouttés, le piment de Cayenne, l'huile d'olive et 10 cl d'eau. Mixez, rectifiez l'assaisonnement et mettez au frais.

PRÉPAREZ LA SALADE

• Épluchez les papayes et coupez-les en deux. Retirez les graines et les parties fibreuses du centre. Râpez la chair et mettez-la dans un saladier avec les cives hachées. Pelez à vif les oranges et les pamplemousses et prélevez les quartiers à l'aide d'un couteau aiguisé. Émincez finement les piments végétaliens, ajoutez le tout à la papaye avec la vinaigrette à l'orange. Mélangez délicatement et réservez au frais pendant 30 min.

• Lavez les épinards dans plusieurs eaux, essorez-les, réservez. Au moment de servir, ajoutez les épinards à la salade de papaye et parsemez de basilic ciselé.

les conseils de Sylvie

J'épluche les papayes vertes sous un filet d'eau car elles dégagent un lait qui irrite les mains.
Pour un goût plus prononcé, parsemez cette salade de copeaux de parmesan.

POUR 4 PERSONNES / PRÉPARATION 20 MIN / RÉFRIGÉRATION 30 MIN

Tartare de dorade

800 g de chair de dorade
10 cives
10 feuilles de basilic
5 brins de persil
4 ou 5 cuil. à soupe d'huile d'olive
1 cuil. à café de piment de Cayenne en poudre
2 tomates
250 g de champignons de Paris
le jus de 1 citron jaune
2 citrons verts

• À l'aide d'un couteau aiguisé, coupez la dorade en très petits morceaux. Hachez finement les cives, le basilic et le persil, puis ajoutez-les à la dorade. Incorporez l'huile d'olive et le piment de Cayenne, mélangez bien le tout.

• Épépinez les tomates et coupez-les en dés. Nettoyez les champignons dans plusieurs eaux, en ajoutant à la dernière le jus du citron jaune. Émincez très finement les champignons et ajoutez-les délicatement à la dorade avec les dés de tomate. Réservez au frais pendant 30 min. Servez frais avec des quartiers de citron vert et des rondelles de pain grillé.

le conseil de Sylvie

En saison, j'ajoute de l'avocat aux autres légumes. C'est délicieux.

POUR 4 PERSONNES / PRÉPARATION 15 MIN / RÉFRIGÉRATION 30 MIN / CUISSON 18 MIN

Langoustes grillées, *sauce maracudja*

2 langoustes de 1,2 kg chacune
3 cives
5 maracudjas (fruits de la passion)
1 gousse de vanille
10 cl de crème fleurette
100 g de beurre ramolli
1 cuil. à café de sirop
de sucre de canne
2 pincées de piment de Cayenne
en poudre
sucre de canne
fleur de sel
sel, poivre du moulin

PRÉPAREZ LA SAUCE

• Hachez finement les cives. Coupez les maracudjas en deux, prélevez leur pulpe et mixez-la avec les cives. Filtrez le mélange dans un chinois au-dessus d'une petite casserole. Fendez la gousse de vanille dans la longueur, prélevez les grains à l'aide d'un couteau pointu, coupez la gousse en morceaux et mettez le tout dans la casserole. Incorporez la crème fleurette, 3 cuil. à soupe d'eau et faites chauffer en fouettant sur feu moyen jusqu'à ce que le mélange épaississe. Dès les premiers bouillons, retirez la casserole du feu et incorporez le beurre en petits morceaux, sans cesser de remuer. Salez et poivrez. Versez le sirop de sucre et ajoutez le piment de Cayenne. Réservez au chaud.

PRÉPAREZ LE BARBECUE

• Allumez le barbecue. Lorsqu'il y a suffisamment de braise, posez les langoustes entières sur le gril chaud et laissez-les cuire pendant 15 min. Transférez-les sur une planche à découper et fendez-les en deux avant de les saupoudrer de sucre de canne. Remettez-les sur le gril, côté chair vers le bas, et faites-les griller 3 min supplémentaires. Saupoudrez de fleur de sel et servez les demi-langoustes avec la sauce.

le conseil de Sylvie

Pour apprécier encore plus la saveur délicate de la langouste, aromatisez la sauce de quelques zestes de citron vert.

POUR 4 PERSONNES / PRÉPARATION 10 MIN / CUISSON 30 MIN

Bananes grillées dans leur peau *au piment végétalien*

4 bananes plantain
4 piments végétaliens
30 g de beurre demi-sel
sel, poivre du moulin

- Préchauffez le four (th. 6/180 °C). Lavez les bananes sans les éplucher et coupez-les en tronçons de 5 cm, avec leur peau. Fendez chaque tronçon en deux et glissez au centre un demi-piment végétalien. Salez et poivrez.

- Disposez chaque tronçon de banane sur une feuille de papier d'aluminium et repliez celle-ci en papillote. Faites cuire au four pendant 30 min, puis ouvrez les papillotes. Déposez une noix de beurre dans chacune d'entre elles et servez aussitôt.

les conseils de Sylvie

Pour apporter une touche de fraîcheur et d'acidité, garnissez les papillotes d'une rondelle de citron.
Je sers souvent ces bananes avec un poisson cuit au four.

POUR 4 PERSONNES / PRÉPARATION 40 MIN / CUISSON 30 MIN

Île flottante coco

1/2 noix de coco
6 œufs
1 pincée de sel
1 l de lait de coco non sucré
100 g de sucre en poudre
1 gousse de vanille
le zeste de 1 citron vert

CARAMEL

200 g de sucre
10 cl d'eau

• Préchauffez le four (th. 8/240 °C). Râpez la chair de la noix de coco et étalez-la sur une plaque à pâtisserie. Mettez-la à sécher au four en remuant de temps en temps. Réservez.

• Cassez les œufs et séparez les blancs des jaunes. Montez les blancs en neige ferme avec 1 pincée de sel. Faites chauffer le lait de coco dans une grande casserole. Déposez à la surface de grosses cuillerées à soupe de blancs en neige. Laissez cuire 1 bonne min de chaque côté. Lorsqu'ils sont bien gonflés, retirez-les délicatement avec une écumoire et réservez-les sur du papier absorbant.

PRÉPAREZ LA CRÈME ANGLAISE

• Battez dans un saladier les jaunes d'œufs avec le sucre en poudre, la gousse de vanille fendue en deux dans la longueur et le zeste de citron vert. Versez dessus le lait de coco bouillant, remettez le mélange dans la casserole et faites épaissir la crème en remuant sur feu doux, sans jamais laisser bouillir. Laissez refroidir.

PRÉPAREZ LE CARAMEL

• Mettez le sucre et l'eau dans une casserole sur feu moyen. Portez à ébullition et laissez brunir jusqu'à l'obtention d'une couleur ambrée. Déposez les blancs en neige sur la crème et nappez de caramel. Parsemez de noix de coco râpée pour servir.

Beignets de raie, sauce aux câpres

POUR 4 PERSONNES
PRÉPARATION 30 MIN
CUISSON 20 MIN
DESSALAGE 4 H

500 g de raie
2 cuil. à soupe de câpres au sel
2 cuil. à soupe de vinaigre de vin
4 jaunes d'œufs
125 g de beurre
1 l d'huile de pépins de raisins
poivre

PÂTE À BEIGNETS

300 g de farine
100 g de farine de maïs
4 pincées de levure chimique
2 pincées de bicarbonate de soude
2 œufs
60 cl d'eau
sel, poivre du moulin

- Faites dessaler les câpres dans l'eau pendant 4 h en renouvelant l'eau toutes les heures.

- Une heure avant de réaliser la pâte à beignets, mettez tous les ingrédients au frais. Préparez la pâte à beignets. Mélangez les farines, la levure, le bicarbonate de soude, sel, poivre, les œufs. Ajoutez l'eau d'un seul coup et mélangez rapidement au fouet sans chercher à obtenir une consistance homogène (il peut rester quelques grumeaux). Réservez au frais.

- Rincez les câpres sous l'eau froide, essuyez-les avec du papier absorbant et mettez-les dans une casserole avec le vinaigre, 8 cuil. à soupe d'eau, un peu de poivre du moulin. Laissez réduire au deux tiers. Hors du feu, ajoutez les jaunes d'œufs et 4 cuil. à soupe d'eau. Remettez sur feu doux et laissez cuire en remuant sans arrêt jusqu'à ce que le mélange mousse. Retirez du feu, ajoutez le beurre en petits morceaux et montez comme une mayonnaise. Rectifiez l'assaisonnement et réservez au chaud.

- Faites chauffer l'huile à 180 °C. Nettoyez la raie et retirez sa peau si nécessaire. Essuyez-la avec du papier absorbant, puis débitez sa chair en gros dés. Trempez ces derniers dans la pâte à beignets et faites-les dorer sur toutes les faces. Nappez avec la sauce pour servir.

Concombres-pays au lait de coco

POUR 4 PERSONNES
PRÉPARATION 10 MIN
CUISSON 9 MIN

1 kg de concombres-pays
2 cuil. à soupe d'huile d'olive
2 gousses d'ail
4 cives
2 piments végétaliens
1 boîte de lait de coco non sucré
1 cuil. à café de curry en poudre
1/2 bouquet de coriandre fraîche
sel, poivre du moulin

- Épluchez les concombres, coupez-les en deux et retirez les graines du centre. Émincez-les, puis faites-les revenir dans une poêle antiadhésive. Jetez l'eau de cuisson rendue. Réservez.

- Faites chauffer 2 cuil. à soupe d'huile d'olive dans une poêle, ajoutez l'ail écrasé, les cives finement ciselées et les piments coupés en quatre. Laissez revenir le tout pendant 2 min, puis ajoutez les concombres réservés et poursuivez la cuisson pendant 2 min. Versez le lait de coco, ajoutez le curry, et laissez cuire de nouveau pendant 5 min. Salez et poivrez hors du feu et parsemez de coriandre fraîche ciselée avant de servir.

le conseil de Sylvie

N'hésitez pas à varier les plaisirs en agrémentant de menthe ou de raisins secs.

Parmentier de dorade et fruit à pain

POUR 4 PERSONNES
PRÉPARATION 40 MIN
CUISSON 45 MIN

800 g de filets de dorade
1 kg de tomates mûres
2 gousses d'ail
6 brins de thym
15 cl de vin rouge
1 cuil. à soupe de concentré de tomate
1 pincée de sucre
1 fruit à pain
4 cives
25 cl de crème fleurette
3 échalotes
20 g de beurre demi-sel
1 bouquet de persil plat
1 œuf
1/2 bouquet de basilic
sel, poivre du moulin

- Ébouillantez les tomates, pelez-les et épépinez-les, puis concassez leur chair. Mettez-les dans une sauteuse avec les gousses d'ail écrasées, 3 brins de thym, le vin rouge et le concentré de tomate. Salez, poivrez et ajoutez une pincée de sucre. Faites cuire à découvert sur feu moyen en laissant l'eau s'évaporer jusqu'à obtention d'une purée.

- Pendant ce temps, coupez le fruit à pain en tranches et jetez le cœur. Pelez-le, puis faites cuire sa chair dans une marmite d'eau bouillante légèrement salée avec 1 brin de thym. Lorsqu'il est cuit, écrasez-le grossièrement à la fourchette avec 2 cives finement hachées. Ajoutez la crème fleurette. Réservez.

- Faites revenir les échalotes finement hachées dans 20 g de beurre. Émincez au couteau les filets de dorade, ajoutez le reste des cives et le persil finement ciselés, 2 brins de thym émietté, salez et poivrez. Incorporez l'œuf, les échalotes et mélangez bien le tout.

- Préchauffez le four (th. 8/240 °C). Beurrez un plat allant au four. Étalez le hachis de dorade, puis ajoutez la sauce tomate et terminez par la purée de fruits à pain. Répartissez quelques noisettes de beurre sur le plat. Glissez ce dernier dans le four chaud et laissez cuire pendant 15 à 20 min environ. Parsemez de basilic finement ciselé et servez aussitôt.

le conseil de Sylvie

Juste avant de mettre votre plat au four, badigeonnez la purée de jaune d'œuf à l'aide d'un pinceau afin qu'elle prenne une belle couleur dorée à la cuisson.

Petits choux farcis au guacamole et marlin fumé

POUR 4 À 6 PERSONNES
PRÉPARATION 30 MIN
CUISSON 40 MIN
REPOS 2 H

2 tranches fines de marlin fumé

POUR LES CHOUX

1/2 l d'eau
1 cuil. à café de sel fin
125 g de beurre
250 g de farine
5 œufs entiers + 1 jaune d'œuf

GUACAMOLE

3 avocats bien mûrs
1 tomate
2 cives
2 piments végétaliens
2 citrons verts
10 cl de crème fraîche
10 feuilles de basilic
6 brins de coriandre
1 trait de tabasco
sel, poivre du moulin

• Coupez les tranches de marlin en fines lamelles. Mettez dans une casserole l'eau, le sel et le beurre coupé en petits morceaux. Faites chauffer lentement à découvert jusqu'à ébullition. Retirez du feu et versez la farine d'un coup dans la casserole. Incorporez-la rapidement en remuant vigoureusement. Remettez sur feu doux et remuez jusqu'à ce que la pâte soit desséchée. Elle doit former une boule qui se détache des parois de la casserole. Retirez du feu et cassez un œuf dans la pâte. Battez vigoureusement pour l'incorporer, ajoutez un nouvel œuf lorsque la pâte est redevenue lisse et ainsi de suite. La pâte doit être souple sans être molle. Laissez reposer pendant 2 h au frais.

• Préchauffer le four (th. 6/180 °C). À l'aide d'une cuillère à café, déposez sur une plaque beurrée des petits tas de pâte, à intervalles de 3 cm environ. Badigeonnez-les avec le jaune d'œuf battu et glissez la plaque au four. Laissez cuire pendant 40 min environ.

PRÉPAREZ LE GUACAMOLE

• Pendant ce temps, préparez le guacamole. Pelez les avocats et ouvrez-les en deux (gardez un noyau). Ébouillantez, pelez et épépinez la tomate. Hachez finement les cives et les piments. Écrasez la chair des avocats à la fourchette, ajoutez le jus d'un citron vert, les cives et les piments hachés, la tomate coupée en petits dés, la crème, le basilic et la coriandre ciselés. Relevez d'un trait de tabasco, salez et poivrez. Mélangez bien et enfoncez le noyau d'avocat au centre du guacamole afin de préserver sa belle couleur verte. Réservez au frais.

• Laissez refroidir les choux. Ouvrez-les en deux à l'aide d'un couteau-scie, puis garnissez-les de guacamole. Ajoutez une lamelle de marlin fumé, décorez d'une rondelle de citron vert et couvrez avec le chapeau des choux. Servez aussitôt.

une soirée
à Tendacayou

À mi-hauteur, sur le mur qui fait face à la cuisine, trône la photo d'un minuscule sucrier à ventre jaune délicatement posé sur un verre de planteur, le bec immergé dans le précieux breuvage… Ce soir, à l'instar du petit oiseau gourmand de sucre, les hôtes seront reçus à la table de Sylvie avec du punch et du planteur servis à volonté. À leur disposition, de grandes jarres garnies de rhum, de jus de fruit frais et de sucre de canne jouxtent les assiettes de croûtons flanquées de petits pots de beurre d'anchois.

En effet, lorsque la semaine touche à sa fin, Sylvie a coutume de convier quelques amis et d'accueillir ses clients à dîner à la fraîche. Le repas se compose habituellement d'un assortiment de plats où chacun pioche librement en fonction de son appétit. Les beignets de langouste s'etalent sur les belles assiettes carrées de la maîtresse des lieux, ainsi que les filets de capitaine à la vapeur. Parfois, Sylvie prépare une fondue de poissons que l'on déguste avec des sauces au maracudja ou à la mangue, faisant le bonheur de ses hôtes. Le repas s'achève par des petits choux à la crème de citron vert, une spécialité de la maison, à moins que l'on préfère la douceur d'un sorbet coco, délice des délices qui apaise les discours animés et incite aux songes.

les tubercules

1 2 3 4

LE COUSCOUCH (page de gauche et ci-dessus, 2). L'igname est un tubercule à la peau brune et de forme généralement oblongue, parfois aplatie. Le couscouch en est l'une des variétés. Plutôt rare, il fait partie des légumes oubliés. Sa chair fine au goût sucré peut être blanche ou violette. Elle se cuit comme celle d'une pomme de terre. À Noël, lors des repas de fête, le couscouch se sert traditionnellement cuisiné avec des pois de bois, en accompagnement de la viande du cochon tué pour l'occasion.

LA PATATE DOUCE (ci-dessus, 1). La patate douce est l'une des racines les plus consommées aux Antilles, surtout la variété à chair jaune, plus parfumée que la blanche. Sa saveur douce et sucrée plaît beaucoup. Une fois cuite à l'eau, la patate douce accompagne très bien un plat de poisson. Mais elle peut aussi être consommée en frites, en gratins, en confitures ou en gâteaux.

LE MALANGA (ci-dessus, 3). Ressemblant à la patate douce, le malanga est une racine à la chair blanche et gluante, appelée aussi « chou caraïbe ». On le déguste souvent cuit en purée. Râpé, on s'en sert pour préparer des acras. Il entre aussi dans la composition de certains colombos, de marinades (avec le giraumon) et de gratins.

L'IGNAME « PAS POSSIBLE » (ci-dessus, 4). Bien qu'encore cultivés par quelques anciens, il devient hélas de plus en plus difficile de trouver des ignames « pas possible » en Guadeloupe. Leur chair fine et sucrée est un vrai régal ! Cuit à l'eau salée (en veillant bien à ne pas couper l'extrémité du tubercule pour éviter que la chair ne s'échappe), puis coupé en deux, « l'igname pas possible » se sert avec une noisette de beurre, tout simplement. Un vrai moment de bonheur !

POUR 4 PERSONNES / PRÉPARATION 5 MIN / CUISSON 3 MIN

Beignets de langouste
à la farine de maïs

2 queues de langouste crues, décortiquées
1 œuf
150 g de farine de maïs
1 l d'huile de pépins de raisin
3 citrons verts
sel, poivre du moulin

- Faites chauffer l'huile à 180 °C. Débitez les queues de langouste en tronçons de 2 cm, épongez-les dans du papier absorbant.

- Passez les morceaux de langouste dans l'œuf battu, salé et poivré, puis dans la farine de maïs. Plongez-les ensuite dans l'huile chaude. Laissez-les frire pendant 3 min en les retournant avec une pince à spaghetti ou une écumoire. Égouttez-les sur du papier absorbant. Servez aussitôt avec des quartiers de citron vert.

le conseil de Sylvie

Ces beignets sont délicieux à l'apéritif, accompagnés d'un ti-punch.

POUR 4 PERSONNES / PRÉPARATION 20 MIN / CUISSON 10 MIN

Filets de capitaine à la vapeur, *sauce aux agrumes*

2 filets de capitaine
ou de poisson blanc
3 oranges non traitées
1 citron non traité
10 cl de crème fleurette
125 g de beurre
1 pincée de piment de Cayenne
en poudre
2 piments végétaliens
sel

PRÉPAREZ LA SAUCE

• Lavez et essuyez les oranges et le citron, puis prélevez leurs zestes à l'aide d'une râpe ou d'un zesteur. Pelez à vif deux oranges et retirez délicatement leurs quartiers à l'aide d'un couteau aiguisé. Mettez dans une casserole les zestes des agrumes et les quartiers d'orange. Ajoutez le jus de l'orange restante et du citron avec 2 cuil. à soupe d'eau. Laissez réduire le tout aux deux tiers sur feu doux. Ajoutez la crème fleurette en remuant avec un fouet. Incorporez petit à petit le beurre en morceaux, sans cesser de fouetter. Salez, ajoutez le piment de Cayenne et rectifiez l'assaisonnement si nécessaire. Réservez au chaud.

PRÉPAREZ LE POISSON

• Coupez les filets de capitaine en deux dans la longueur et déposez un demi-piment végétalien au centre de chaque morceau. Roulez les filets sur eux-mêmes et piquez-les pour les maintenir avec une brochette. Posez-les dans le panier d'un cuit-vapeur et laissez cuire pendant 5 à 10 min. Servez avec la sauce aux agrumes.

POUR 4 PERSONNES / PRÉPARATION 20 MIN / CUISSON 30 MIN

Blanquette de dorade *aux patates douces*

1 kg de chair de dorade coupée en morceaux
2 oignons
2 gousses d'ail
2 cuil. à soupe d'huile de pépins de raisin
2 branchettes de thym
1/2 bouquet de persil plat
6 grains de poivre noir
2 poireaux
2 patates douces
2 navets
4 cives
50 cl de fumet de poisson
20 cl de cidre brut
10 cl de vin blanc sec
100 g de petits champignons de Paris
20 g de beurre
2 maracudjas
15 cl de crème liquide entière
2 jaunes d'œufs
sel, poivre du moulin

• Épluchez les oignons et émincez-les. Pelez et écrasez les gousses d'ail après avoir retiré les germes. Chauffez l'huile dans une sauteuse, puis faites revenir l'ail avec les oignons et le bouquet garni (thym et persil). Ajoutez les grains de poivre, les poireaux émincés, les patates douces et les navets pelés et coupés en morceaux, ainsi que les cives finement hachées. Versez ensuite le fumet de poisson, le cidre et le vin blanc. Salez et poivrez. Laissez mijoter pendant 20 min à couvert.

• Nettoyez les champignons dans de l'eau vinaigrée et faites-les dorer dans une poêle avec le beurre. Réservez. Ajoutez les morceaux de poisson dans la sauteuse et laissez-les pocher pendant 6 min à découvert.

• Pendant ce temps, coupez les maracudjas en deux et prélevez la pulpe. Mélangez-la dans un bol à la crème liquide et aux jaunes d'œufs.

• À l'aide d'une écumoire, retirez les légumes et le poisson de la sauteuse. Réservez. Faites réduire de moitié le jus de cuisson avant d'en prélever une louche que vous ajouterez au mélange crème-jaunes d'œufs-maracudjas pour lier la sauce. Reversez le tout dans la sauteuse, donnez un tour de moulin à poivre, puis mélangez et laissez épaissir sur feu doux pendant quelques minutes en remuant, sans laisser bouillir. Remettez les légumes et le poisson dans la sauteuse pendant quelques secondes pour les réchauffer, parsemez de persil ciselé et servez.

POUR 4 PERSONNES / PRÉPARATION 35 MIN / CUISSON 50 MIN

Langoustes au chou, *sauce vanille*

2 langoustes de 1,2 kg environ
1 chou vert
2 oignons
2 gousses d'ail
3 cuil. à soupe d'huile d'arachide
30 g de beurre + 1 noix de beurre
4 branchettes de thym
2 feuilles de laurier
6 grains de poivre noir
1 cuil. à café de grains d'anis
10 cl de crème fleurette
6 cives
gros sel, poivre du moulin

SAUCE VANILLE

100 g de beurre doux
3 cives
3 gousses de vanille
15 cl de fumet de poisson
10 cl de crème fleurette
1 citron vert
une pincée de piment de Cayenne en poudre
sel, poivre du moulin

PRÉPAREZ LA SAUCE

- Dans une casserole, faites revenir sur feu doux dans 20 g de beurre les cives finement hachées. Fendez 3 gousses de vanille, grattez-les au-dessus de la casserole. Mouillez avec le fumet de poisson. Laissez réduire aux deux tiers, puis ajoutez la crème fleurette.

- Laissez cuire à feu doux pendant quelques minutes en remuant continuellement, puis montez la sauce en ajoutant le beurre restant coupé en petits morceaux, sans cesser de fouetter. Salez, poivrez, ajoutez un trait de jus de citron vert et une pincée de piment de Cayenne. Réservez au chaud.

PRÉPAREZ LES LANGOUSTES

- Faites bouillir de l'eau dans une grande marmite avec du gros sel. Plongez-y les langoustes et comptez environ 10 min de cuisson dès la reprise de l'ébullition ou dès que les antennes des crustacés commencent à rougir. Égouttez.

- Retirez les feuilles extérieures du chou. Coupez-le en lanières et rincez-le sous l'eau fraîche. Faites blanchir le chou dans une grande casserole d'eau bouillante salée pendant 2 min, puis égouttez-le dans une passoire. Pelez les oignons et l'ail. Émincez les oignons et faites-les revenir dans l'huile avec 30 g de beurre. Incorporez l'ail écrasé, mélangez. Ajoutez le thym, le laurier, les grains de poivre entiers et l'anis. Incorporez le chou, salez avec un peu de gros sel et poivrez. Mélangez bien et laissez cuire pendant 15 min à couvert sur feu moyen, en surveillant pour que cela n'attache pas. Ajoutez un peu d'eau si nécessaire.

- Préchauffez le four (th. 6/180 °C). Décortiquez les queues des langoustes, puis débitez-les en médaillons. Retirez le corail des têtes, réservez. Répartissez le chou dans un plat allant au four préalablement beurré, ajoutez les médaillons de langouste et le corail. Salez et poivrez. Nappez avec la crème fleurette, parsemez de cives hachées et enfournez. Laissez cuire pendant 10 min et servez sans attendre, avec la sauce vanille.

le conseil de Sylvie

À la place de la sauce vanille, vous pouvez aussi napper ce plat d'une sauce maracudja (voir recette page 137).

POUR 4 PERSONNES / PRÉPARATION 45 MIN / CUISSON 30 MIN

Fondue *de poissons*

1 beau filet de thon de 400 g
1 filet de thazard ou de dorade de 400 g
16 ouassous
sel, poivre du moulin

BOUILLON
4 carottes
1 navet
2 poireaux
2 belles branches de céleri
2 cuil. à soupe d'huile d'olive
1 l de cidre brut
1 cuil. à café de gros sel
1 piment végétalien
2 pincées de piment de Cayenne en poudre
2 oignons
1 tête d'ail épluchée
1 bouquet de persil
1 bouquet d'aneth
4 branchettes de thym frais
4 cives
8 grains de poivre
1 boîte de lait de coco non sucré
1 cuil. à café de sauce de soja
1 cuil. à café de sauce d'huîtres

MAYONNAISE DE BASE
5 jaunes d'œufs
huile d'arachide

SAUCE MANGUE-CURRY
mayonnaise de base
1 cuil. à café de poudre de curry
1/2 mangue pas trop mûre
2 cives
le jus de 1 citron vert

SAUCE PIMENT-CORIANDRE
mayonnaise de base
1 cuil. à soupe de sauce d'huîtres
1 cuil. à café de jus de citron vert
1 cuil. à café de pâte de piment
10 feuilles de coriandre fraîche
1/2 cuil. à café de graines d'anis

SAUCE CHAMPIGNONS-ANETH
mayonnaise de base
5 champignons frais
le jus et le zeste de 1 citron vert
1 cuil. à café de baies roses
3 brins d'aneth

SAUCE BASILIC-POIVRONS
mayonnaise de base
10 feuilles de basilic frais
1/2 poivron rouge
1 gousse d'ail
1 pincée de safran

SAUCE PIMENT-AVOCAT
mayonnaise de base
2 piments végétaliens
2 cives
1/4 d'avocat
le jus de 1 citron vert

• Coupez les filets de poisson en dés, salez et poivrez. Réservez au frais. Décortiquez les queues des ouassous.

PRÉPAREZ LE BOUILLON

• Épluchez les carottes, le navet, les poireaux et les branches de céleri. Émincez-les, puis faites-les revenir dans un grand faitout avec l'huile d'olive. Mouillez avec le cidre brut et 1 l d'eau. Ajoutez le gros sel, le piment végétalien coupé en petits morceaux et le piment de Cayenne ainsi que tous les aromates (oignons, gousses d'ail, persil, aneth, thym, cives, poivre en grains). Laissez cuire à petits bouillons pendant 30 min, puis incorporez le lait de coco, 1 cuil. à café de sauce de soja, et 1 cuil. à café de sauce d'huîtres.

PRÉPAREZ LES SAUCES

• Montez une mayonnaise avec les 5 jaunes d'œufs et de l'huile d'arachide en quantité suffisante pour qu'elle soit ferme. Répartissez-la dans 5 bols pour préparer les différentes sauces.
Sauce mangue-curry : incorporez dans un bol 1 cuil. à café de poudre de curry, une demi-mangue pas trop mûre coupée en dés, 2 cives hachées et le jus de citron vert.
Sauce piment-coriandre : incorporez dans un bol 1 cuil. à soupe de sauce d'huîtres, 1 cuil. à café de jus de citron vert, 1 cuil. à café de pâte de piment, 10 feuilles de coriandre ciselées et 1/2 cuil. à café de graines d'anis.
Sauce champignons-aneth : incorporez dans un bol 5 champignons frais émincés, le jus et le zeste de citron vert, 1 cuil. à café de baies roses et 3 brins d'aneth ciselés.
Basilic-poivrons : incorporez dans un bol 10 feuilles de basilic ciselées, 1/2 poivron rouge coupé très fin, 1 gousse d'ail écrasée et 1 pincée de safran.
Piment-avocat : incorporez dans un bol 2 piments végétaliens émincés, 2 cives, un quart d'avocat coupé en dés et le jus de citron vert.

• Chaque convive piquera les dés de poissons et les queues de ouassous sur des fourchettes à fondue avant de les plonger dans le bouillon très chaud. Servez avec les sauces.

le conseil de Sylvie

Gardez le bouillon car il pourra servir de base pour d'autres préparations (un chili de thon par exemple, voir recette page 85).

POUR 4 PERSONNES / PRÉPARATION 10 MIN / CUISSON 5 MIN

Poêlée minute *d'épinards et avocat*

500 g de pousses d'épinards
1 gros avocat pas trop mûr
1 cuil. à café de fleur de sel
1 cuil. à café de poivre moulu
1 cuil. à café de sucre de canne
3 cuil. à soupe d'huile d'olive
1 piment végétalien (facultatif)
1 gousse d'ail

• Mélangez la fleur de sel, le poivre et le sucre de canne. Réservez.

• Équeutez et lavez les pousses d'épinards. Égouttez-les bien. Ouvrez l'avocat en deux et retirez le noyau. Prélevez des tranches de 2 cm d'épaisseur dans la chair, comme pour un melon.

• Chauffez l'huile d'olive dans une poêle. Faites revenir les épinards sur feu vif pendant 2 min avec l'ail finement émincé et le piment végétalien coupé en petits morceaux. Ajoutez le mélange sel-poivre-sucre. Mélangez. Retirez les épinards de la poêle et réservez-les au chaud. Remplacez-les par les tranches d'avocat. Faites-les dorer pendant 1 min de chaque côté. Servez-les avec les épinards, pour accompagner des crevettes au punch de gingembre par exemple (voir recette p.174).

Sorbet coco *et confiture de carambole*

POUR LA CONFITURE

POUR 4 POTS
PRÉPARATION 25 MIN
CUISSON 45 MIN

1 kg de caramboles
850 g de sucre de canne
le jus de 1 citron vert
1 gousse de vanille

POUR LE SORBET

POUR 4 PERSONNES
PRÉPARATION 30 MIN
CUISSON 2 À 3 MIN
SORBETIÈRE +/- 30 MIN

3 noix de coco
1 pincée de cannelle en poudre
1 pincée de noix muscade râpée
1 citron vert
2 boîtes de lait concentré sucré
1 gousse de vanille

PRÉPAREZ LA CONFITURE

- Lavez les caramboles et mettez-les dans un faitout avec le sucre. Laissez reposer pendant 15 min, puis ajoutez la gousse de vanille fendue en deux dans la longueur et le jus de citron vert. Faites cuire pendant 45 min, jusqu'à ce que le sirop épaississe. Mettez la confiture en pots.

PRÉPAREZ LE SORBET

- Cassez les noix de coco, prélevez et râpez leur chair. Faites bouillir de l'eau dans une grande casserole. Hors du feu, ajoutez la noix de coco râpée, la cannelle et la muscade, le zeste et le jus du citron vert. Couvrez et laissez refroidir.

- Pressez la pulpe dans un torchon au-dessus d'un saladier afin d'en extraire le lait de coco. Versez-le dans une casserole, ajoutez le lait concentré sucré et la gousse de vanille fendue en deux dans la longueur. Faites chauffer sur feu moyen jusqu'à ébullition. Laissez refroidir à couvert. Retirez la gousse de vanille, remuez et versez le mélange dans la sorbetière. Servez avec la confiture.

Sorbet maracudja *minute*

POUR 4 PERSONNES
PRÉPARATION 10 MIN

8 maracudjas
35 cl de crème de coco
15 cl de lait de coco

- Ouvrez les maracudjas en deux et prélevez leur chair à l'aide d'une petite cuillère. Passez-la au blender puis pressez la pulpe à travers un chinois. Mélangez-la ensuite avec la crème et le lait de coco. Versez dans une sorbetière et montez la crème en glace.

POUR 4 PERSONNES / PRÉPARATION 20 MIN / CUISSON 30 MIN

Rochers coco et abricots-pays *au vin rouge*

- 2 œufs
- 180 g de sucre
- 250 g de noix de coco râpée
- 8 abricots-pays
- 30 g de beurre
- 25 cl de vin rouge
- 70 g de sucre de canne
- 1 pincée de cannelle

• Préchauffez le four (th. 6/180 °C). Mélangez dans un saladier les œufs et le sucre. Incorporez la noix de coco en tournant avec une cuillère en bois, puis en malaxant avec les doigts.

• Déposez des petits tas de pâte sur une plaque à pâtisserie beurrée et glissez-la au four. Laissez cuire pendant 15 min environ. Décollez délicatement les rochers à l'aide d'une spatule. Laissez refroidir sur une grille.

• Pelez les abricots en retirant la peau jaune qui rendrait le goût âpre. Coupez les fruits en gros morceaux, puis faites-les revenir dans une casserole avec le beurre. Mouillez avec le vin rouge mélangé au sucre de canne et ajoutez 1 pincée de cannelle. Laissez mijoter pendant 15 min, puis retirez les fruits à l'aide d'une écumoire et laissez réduire légèrement le vin avant de le verser sur les abricots. Servez chaud ou tiède avec les rochers coco.

POUR 4 PERSONNES / PRÉPARATION 20 MIN / CUISSON 40 MIN / REPOS 30 MIN

Choux à la crème *de citron vert*

CRÈME PÂTISSIÈRE

1/4 de l de lait
3 jaunes d'œufs
75 g de sucre en poudre
1 cuil. à soupe de fécule
le zeste de 1 citron vert

PÂTE À CHOUX

50 g de beurre
75 g de farine
1 cuil. à café de sucre de canne
2 œufs

CARAMEL

20 morceaux de sucre

CRÈME CHANTILLY

15 cl de crème fleurette très froide

PRÉPAREZ LA CRÈME PÂTISSIÈRE

• Faites bouillir le lait. Battez les jaunes d'œufs avec le sucre dans un saladier, puis ajoutez la fécule. Versez le lait bouillant sur ce mélange, puis remettez le tout dans la casserole et faites cuire jusqu'au premier bouillon. Laissez tiédir avant d'ajouter le zeste de citron vert.

PRÉPAREZ LA PÂTE À CHOUX

• Préchauffez le four (th. 5/150 °C). Faites fondre le beurre avec 12,5 cl d'eau dans une casserole. Hors du feu, ajoutez d'un seul coup la farine et le sucre et mélangez jusqu'à ce que la pâte se détache des bords. Ajoutez les œufs un à un en tournant. Laissez reposer pendant 30 min.

• Déposez des petits tas de pâte sur une plaque beurrée et glissez-la au four. Laissez cuire pendant 20 min environ selon la taille des choux. Laissez-les refroidir sur une grille.

PRÉPAREZ LE CARAMEL

• Faites fondre les morceaux de sucre dans 2 cuil. à soupe d'eau et laissez cuire sur feu moyen jusqu'à obtenir une belle couleur ambrée. Retirez la casserole du feu et trempez les choux dans le caramel. Posez-les sur du papier d'aluminium.

• Montez la crème fleurette en chantilly, puis mélangez-la délicatement à la crème pâtissière. Ouvrez les choux, garnissez-les de crème au citron vert. Remettez les chapeaux en place et servez.

Dauphine de fruit à pain, d'igname jaune ou de patate douce

POUR 4 PERSONNES
PRÉPARATION 30 MIN
CUISSON 5 À 8 MIN

500 g de fruit à pain, d'igname jaune ou de patate douce
6 cives
1 l d'huile de pépins de raisin

PÂTE À CHOUX

80 g de beurre
120 g de farine
5 œufs
sel

• Préparez une purée épaisse et bien assaisonnée avec le légume choisi. Ajoutez les cives hachées.

• Préparez la pâte à choux. Faites bouillir 1/4 l d'eau avec le beurre et 1/2 cuil. à café de sel fin. Lorsque l'eau bout, ajoutez hors du feu la farine d'un seul coup et remuez énergiquement avec une cuillère en bois. Remettez la pâte sur feu doux, toujours en tournant, afin de la dessécher : elle doit se détacher des bords. Hors du feu, ajouter 1 œuf battu et remuez pour obtenir une pâte homogène. Recommencez, œuf par œuf, jusqu'à ce que la pâte forme un ruban.

• Faites chauffer l'huile à 180 °C dans une bassine à friture. Mélangez la pâte à choux avec la purée et rectifiez l'assaisonnement. Remplissez une poche à douille de ce mélange et faites tomber des tronçons de pâte de 3 cm de longueur dans l'huile chaude. Laissez dorer sur toutes les faces, égouttez. Servez aussitôt.

le conseil de Sylvie

Pour relever davantage le goût cette préparation, râpez un peu de muscade dans la pâte.

Papillotes de ouassous à la vanille

POUR 4 PERSONNES
PRÉPARATION 25 MIN
CUISSON 9 MIN

8 ouassous
4 gousses de vanille
10 cl de crème fleurette
4 feuilles de papier sulfurisé
1 citron vert
sel, poivre du moulin

• Décortiquez les queues des ouassous, retirez le corail des têtes et réservez-le. Mettez les carcasses dans une casserole avec 25 cl d'eau et laissez réduire de moitié. Mixez, passez au chinois, mélangez avec le corail réservé et ajoutez deux gousses de vanille fendues ; salez et poivrez. Transférez dans une casserole, posez sur feu doux et laissez réduire d'un tiers. Ajoutez la crème, rectifiez l'assaisonnement et portez à ébullition. Laissez frémir pendant 2 min. Réservez.

• Préchauffez le four (th. 7/210 °C). Avec un couteau aiguisé, ouvrez les queues des ouassous dans la longueur, sans les séparer complètement. Coupez les deux gousses de vanilles restantes en quatre tronçons. Glissez un tronçon de vanille au centre de chaque ouassou, salez et poivrez. Posez deux ouassous l'un en face de l'autre sur chaque feuille de papier sulfurisé. Déposez une tranche de citron vert pelé à vif entre les deux ouassous, arrosez d'un trait de sauce corail, refermez la papillote et faites cuire au four pendant 7 min. Servez aussitôt avec des tranches de courge giraumon rôties au four par exemple.

les conseils de Sylvie

Si vous aimez les plats relevés, saupoudrez les ouassous de piment de Cayenne avant de les cuire.
Vous pouvez remplacer les ouassous par des gambas.

Crevettes au punch de gingembre

POUR 4 PERSONNES
PRÉPARATION 20 MIN
CUISSON 10 MIN

12 grosses crevettes crues, fraîches ou surgelées (ouassous, gambas)
2 cuil. à soupe d'huile d'olive
2 cuil. à soupe de sauce de soja
40 cl de lait de coco
3 cives
poivre du moulin

PUNCH

15 cm de gingembre frais
4 cuil. à soupe de sucre de canne
1/4 de l de rhum blanc

• Commencez par préparer le punch. Épluchez le gingembre et mixez-le avec le sucre et le rhum. Réservez.

• Versez l'huile d'olive dans une grande poêle et laissez-la chauffer sur feu vif. Mettez les crevettes dans la poêle chaude. Faites-les revenir pendant 2 min de chaque côté, puis versez 20 cl de punch dans la poêle. Faites flamber les crevettes. Ajoutez la sauce de soja et le lait de coco. Baissez le feu et laissez cuire pendant 5 min sur feu moyen. Donnez un tour de moulin à poivre, rectifiez l'assaisonnement et ajoutez les cives finement hachées. Servez avec une poêlée d'épinards et avocat par exemple (voir recette p. 164).

Marlin fumé sur bricks de patates douces

POUR 4 PERSONNES
PRÉPARATION 30 MIN
CUISSON 25 MIN

4 tranches de marlin fumé
4 patates douces moyennes
50 g de beurre
1 citron vert
4 feuilles de brick
10 cl de crème fraîche
2 cives
sel, poivre du moulin

- Épluchez les patates douces, émincez-les en fines rondelles et faites-les tremper dans l'eau froide 30 min. Égouttez-les et épongez-les avec du papier absorbant.

- Préchauffez le four (th. 6/180 °C). Rangez les chips de patates douces dans un plat allant au four préalablement beurré. Parsemez de noisettes de beurre, salez et poivrez. Faites cuire au four jusqu'à ce que les chips soient bien dorées, soit pendant 15 min environ. Laissez le four allumé.

- Pelez le citron vert à vif et coupez-le en fines rondelles à l'aide d'un couteau aiguisé. Étalez les feuilles de brick devant vous et rabattez les quatre bords vers le centre pour obtenir un carré. Répartissez les chips de patates douces au centre des bricks, ajoutez une demi-rondelle de citron vert, poivrez, repliez le carré sur les chips pour obtenir un rectangle. Glissez les bricks au four et laissez-les dorer pendant 10 min environ.

- Pendant ce temps, mélangez la crème et les cives hachées. Salez et poivrez. Déposez une noix de crème sur chaque brick et servez sans attendre avec les tranches de marlin fumé.

le conseil de Sylvie

Finissez la cuisson des patates douces au gril pour qu'elles soient bien dorées.

Lexique

Capitaine
Gros poisson à la peau rouge, dont la chair est blanche et ferme. Dans une recette, il est possible de le remplacer par de la dorade ou du bar.
Voir recettes pages 27, 156.

Carambole
Fruit jaune à la pulpe juteuse et au goût acidulé. La carambole peut se déguster crue (son jus est délicieux), mais on l'utilise le plus souvent cuite, pour faire des confitures notamment. Coupée en tranches, elle a la forme d'une étoile.
Voir recettes pages 63, 89, 167.

Chatrou
Petite pieuvre qu'il faut « battre » avant de cuire. Le ragoût de chatrous est l'un des plats traditionnels de la cuisine antillaise. **Voir recette page 37.**

Cive
Plante aromatique appartenant à la même famille que l'oignon, l'ail ou la ciboulette, à laquelle elle ressemble d'ailleurs beaucoup, même si son goût est plus prononcé. Ciselée, la cive agrémente parfaitement sauces et salades. **Voir recettes pages 20, 28, 37, 38, 48, 55, 63, 64, 79, 82, 85, 90, 92, 102, 106, 115, 133, 134, 137, 143, 144, 145, 159, 160, 163, 173, 175.**

Concombre-pays
Petit concombre hérissé de pointes molles. Son goût est plus fort que le concombre classique de métropole.
Voir recettes pages 79, 143.

Épinard-pays
Légume aux feuilles plus fermes et au goût plus âpre que les épinards classiques.
Voir recettes pages 130, 133, 167.

Fruit à pain
Gros fruit vert de l'arbre à pain. Sa pulpe, blanche et tendre, est légèrement sucrée. Sa consistance ressemble étonnamment à celle de la mie de pain, d'où son nom.
Voir recettes pages 82, 144, 173.

Giraumon
Variété de potiron cultivée essentiellement aux Antilles. Gros comme une citrouille et de la même couleur orange vif, sa chair est farineuse et sucrée. Il se mange cuit, en soupe, gratin, compote. La spécialité locale est la giraumonade : une purée de giraumon relevée d'ail, de cive, de thym et de poitrine de porc fumée.
Voir recettes pages 20, 92.

Gombo
Ce petit légume fibreux ressemblant à un piment vert est souvent utilisé comme condiment. On l'appelle « okra » à la Nouvelle-Orléans. Son goût rappelle celui de l'artichaut et du haricot vert. Une fois cuit, il devient gélatineux et lie ainsi sauces, soupes ou ragoûts.
Voir recettes pages 56, 65, 109, 130.

Igname jaune
Racine proche de la pomme de terre, au goût plus fin et plus sucré. Elle est excellente cuisinée en purée, notamment mélangée avec de la patate douce.
Voir recette page 173.

Lambi
Gros coquillage des fonds marins. Sa pêche est très réglementée et surveillée. Comme pour les chatrous, il faut « battre » la chair des lambis avant de les déguster crus – en carpaccio –, ou cuits. Leur goût, très fin, rappelle celui de la coquille Saint-Jacques.
Voir recette page 52.

Maracudja
Autre nom du fruit de la passion. On en cueille toute l'année en Guadeloupe, mais c'est de mars à septembre que la récolte est la plus importante. Une fois cueilli, le maracudja perd de son acidité au fur et à mesure que sa peau se fripe.
Voir recettes pages 76, 109, 137, 167.

Marlin
Gros poisson à rostre, de la famille de l'espadon, dont la chair est légèrement rosée. **Voir recettes pages 64, 80, 105, 145, 175.**

Orphie
Petit poisson argenté ayant un long bec armé de très fines dents. Les orphies se déplacent généralement en bancs. On en mange les filets, dont le goût ressemble à celui de la sardine.
Voir recette page 24.

Ouassou
Grosse crevette d'eau douce très appréciée des gastronomes. Alors que les ouassous étaient encore abondants il y a quelques années dans les rivières de Guadeloupe, aujourd'hui on ne consomme pratiquement plus que des ouassous d'élevage. **Voir recettes pages 23, 93, 102, 163, 173.**

Piment végétalien
Petit piment dont la particularité est d'avoir le parfum du piment antillais sans en avoir le piquant.
Voir recettes pages 27, 28, 37, 51, 55, 56, 63, 79, 90, 115, 130, 133, 138, 143, 145, 156, 163, 164.

Thazard
Gros poisson fuselé, gris argenté, appartenant à la même famille que le maquereau. Sa chair blanche et ferme a une saveur unique.
Voir recettes pages 63, 90, 163.

Thon « z'aile jaune »
Typique de la Guadeloupe, ce thon à chair rouge se distingue par sa nageoire caudale jaune.
Voir recettes pages 85, 106, 163.

Vinaigre de canne
Vinaigre blanc réalisé à partir de la canne à sucre. Ingrédient indispensable à la sauce chien, il assaisonne aussi très bien les salades sucrées-salées.
Voir recettes pages 48, 79.

Table des recettes

Entrées

Poissons et crustacés

Légumes

Desserts et confitures

Boissons

Index des ingrédients

Carnet d'adresses

Logement

HABITATION TENDACAYOU
ET SA TABLE D'HÔTES
Chambres d'hôtes de Sylvie et Georges
97126 Deshaies.
Tél. et fax : 05 90 28 42 72
e-mail : tendacayou@wanadoo.fr
www.tendacayou.com
Bungalows de 55 à 130 € selon l'effectif (2 à 4 personnes).
Maisons dans les arbres, 250 € par jour pour 8 personnes.
Table d'hôtes : LE POISSON ROUGE, ouvert du mercredi au dimanche midi avec menu complet pour 52 €.

À moins de 45 minutes de l'aéroport de Pointe-à Pitre, le village de Deshaies est situé au nord de Basse-Terre, au creux d'une baie face à la mer turquoise des Caraïbes.

Transports

Pour y aller

CORSAIR – COMPAGNIE RÉGULIÈRE FRANÇAISE
Tél. : 0820 042 042
www.corsair.fr

Location de voiture sur place

JUMBO CAR met à votre disposition ses voitures de location dans l'île de la Réunion, la Martinique, et la Guadeloupe.
N° Indigo : 0 820 220 230 (0,081 € TTC/min)
www.jumbocar.com

Jumbo Car

Les bonnes adresses en Guadeloupe

Épices, vanille, cacao en bâton

MARCHÉ DE BASSE-TERRE
97100 Basse-Terre.
Le bon plan de Sylvie : Vous aurez peut-être la chance d'y croiser Johnny, un rasta qui vit en pleine nature avec une ribambelle de gamins. Il fait les meilleurs punchs arrangés de l'île et les vend sur le marché.

Fruits et légumes

CHEZ FRED ET CORINNE
Rue de la Vague Bleue (côté mer)
97126 Deshaies.
Excellent approvisionnement en fruits et légumes locaux pour faire le plein de patates douces, giraumon, christophines, fruits à pains, manioc, ignames, bananes…

MARCHÉ AU LÉGUMES DE BERGEVIN
97110 Pointe-à-Pitre.
Tous les matins, 6 h-13 h.

MARCHÉ AUX LÉGUMES
ET AUX POISSONS
Quartier Lauricisque, 97110 Pointe-à-Pitre.
Tous les matins, 6 h-13 h.

SUR LE PARKING DU VÉLODROME
DE DESTRELLAN
97122 Jarry-Baie-Mahault.
En semaine, à partir de 16 h.

Poissons et fruits de mer

DOMAINE DE SÉVERIN
97115 Sainte-Rose.
Tél. : 05 90 28 91 86, fax : 05 90 28 36 66
e-mail : domaine.de.severin@wanadoo.com
Excellent approvisionnement en ouassous.

PORT DE LAURICISQUE
97110 Pointe-à-Pitre.
Tous les matins.

MARCHÉ AUX LÉGUMES
ET AUX POISSONS
Quartier Lauricisque
97110 Pointe-à-Pitre.
Tous les matins, 6 h-13 h
Le bon plan de Sylvie : Emerance vend tous les jours son poisson fraîchement pêché sur le port de Deshaies.

Vins

LA CAVE DES GOURMETS
19, rue de l'Industrie
97122 Jarry-Baie-Mahault.
Tél : 05 90 99 13 77, fax : 05 90 99 13 74
Pour une sélection de vins de la métropole.

Distillerie

LA DISTILLERIE DU DOMAINE DE SÉVERIN
97115 Sainte-Rose.
Tél. : 05 90 28 91 86
Fax : 05 90 28 36 66
www.rhumseverin.com
e-mail : domaine.de.severin@wanadoo.com
Visite de la distillerie et vente de rhum.

Restaurants

RESTAURANT DU JARDIN BOTANIQUE DE DESHAIES
97126 Deshaies.
Tél. : 05 90 28 43 02
e-mail : info@jardin-botanique.com
Ouvert tous les jours de 9 h à 17 h 30.
L'occasion aussi d'une magnifique promenade !

CHEZ JOJO
Plage de l'anse de la Perle.
Après Deshaies, sur la route de Sainte-Rose.
Acras, spécialités antillaises.

CHEZ ANFAIM
Case bleue et blanche en face de la Poste.
97126 Deshaies.
Ouvert tous les jours (sauf le dimanche) jusqu'à 14 h.
Délicieux petits déjeuners, sandwichs...

LE TITOLO
Domaine de Séverin, 97115 Sainte-Rose.
Tél. : 05 90 28 28 11
Restaurant où l'on peut déguster d'excellents ouassous avec des légumes-pays.

Syndicat d'initiative

Rue de la Vague Bleue, 97126 Deshaies.
Tél et fax : 05 90 68 01 48
Ouvert du lundi au vendredi de 8 h à 13 h et de 14 h 30 à 17 h 30.

Clubs de plongée

TROPICAL SUB
Jean-Pierre Concaud
Boulevard des Poissonniers, côté mer
97126 Deshaies.
Tél : 05 90 28 52 67
www.tropical-sub.com

LA NOTE BLEUE
Thiébault Denuelle
97126 Deshaies.
Tél : 05 90 28 53 74
Fax : 05 90 28 56 89
www.plongeenotebleue.com

Les plus belles plages (attention au courant !)

LA PLAGE DE LA GRANDE ANSE
La plus belle étendue de sable de Basse-Terre, bordée de cocotiers, près du village de Deshaies.

L'ANSE DE LA PERLE
Très belle plage moins fréquentée que la Grande Anse. Après Deshaies, sur la route de Sainte-Rose.

Les Antilles en Métropole

Restaurants

CHEZ MAX
En direct des Antilles, rhum, vanille, fruits et légumes frais... avec un rayon traiteur
14-16, boulevard de Belleville
75020 Paris.
Tél. : 01 46 36 51 79
Le midi en semaine, et le vendredi et samedi soir sur réservation.

LA TABLE DE BABETTE
32, rue de Longchamps
75016 Paris.
Tél. : 01 45 53 00 07

LE FLAMBOYANT
11, rue Boyer-Barret
75014 Paris.
Tél. : 01 45 41 00 22

Épiceries

IZRAËL
Épicerie fine exotique
30, rue François-Miron,
75004 Paris.
Tél. : 01 42 72 66 23

GOUMANYAT
Le paradis des épices
3, rue Dupuis, 75003 Paris.
Tél. : 01 44 78 96 74

LA GRANDE ÉPICERIE DE PARIS
Épices, fruits exotiques
38, rue de Sèvres, 75007 Paris.
Tél. : 01 44 39 81 00

FAUCHON
Épicerie fine
26, place de la Madeleine, 78008 Paris.
Tél. : 01 70 39 38 00

HÉDIARD
Épicerie fine, beau rayon de fruits exotiques
21, place de la Madeleine, 75008 Paris.
Tél. : 01 43 12 88 88

L'ÉPICERIE DE LONGUEIL
Pour ses mélanges d'épices
28, avenue Longueil, 78600 Maisons-Laffite.
Tél. : 01 39 62 00 50

Produits frais

MARCHÉ AFRICAIN DE CHÂTEAU-ROUGE
M° Château-Rouge, 75018 Paris.

MARCHÉ D'ALIGRE
Rue d'Aligre, 75012 Paris.

POISSONNERIE DU DÔME
4, rue Delambre, 75014 Paris.

Remerciements

Je remercie mes fils, Romain, Damien, Matthieu, Dimitri et Cédric pour ce qu'ils ont fait avec nous et ce qu'ils feront dans leur vie, Mémé sans qui Tendacayou ne serait pas tout à fait ce qu'il est, mes fidèles, qui viennent partager ma passion pour les bons produits... et Georges, mon compagnon de tous les moments, grand faiseur du « tout est possible » sans qui Tendacayou n'existerait pas. Merci Sandrine, Jérôme, Frédérique, Nadette, Nicolas et bien d'autres encore.

Sylvie Clément

Merci à Sylvie, Georges et leurs enfants pour leur amitié, à Jean-Luc, Gitane, Nicolas, Virgile et à tous ceux qui nous ont permis de réaliser ce livre.

Jérôme Bilic

Sandrine Giacobetti remercie Sandrine Guillemin et Julien Boure.

Crédits vaisselle

Le Bon Marché - 22, rue de Sèvres, 75007 Paris.
Plastiques - 103, rue de Rennes, 75006 Paris.
Home autour du monde - 8, rue des Francs-Bourgeois, 75003 Paris.
Conran Shop - 117, rue du Bac 75007, Paris.

Réalisation graphique et mise en pages : Fred
Responsable technique : Bernard Péronnet
Éditeur : Nicolas Rabeau,
assisté de Delphine Cajeux
Lecture-correction : Marie-Claire Brachet

Numéro d'éditeur : 1499
ISBN : 2 85018 977 4
Photogravure : SeleOffset
Imprimé en Italie par Canale